HISTOIRE DE DECIZE

ET DE SES ENVIRONS

PAR

L.-M. POUSSEREAU

Employé aux Mines de La Machine

ISSOUDUN

RIE TYPOGRAPHIQUE ET LITHOGRAPHIQUE EUGÈNE MOTTE

1891

HISTOIRE

DE

DECIZE

ET DE

SES ENVIRONS

PAR

L.-M. POUSSEREAU

EMPLOYÉ AUX MINES DE LA MACHINE

ISSOUDUN

IMPRIMERIE TYPOGRAPHIQUE ET LITHOGRAPHIQUE EUG. MOTTE

—

1891

DECIZE

I

Decize est une des plus curieuses villes de France, tant sous le rapport de sa situation que sous celui de son ancienneté.

Cette petite ville nivernaise, dont l'aspect est à la fois singulier, pittoresque et charmant, est bâtie dans une île de la Loire, sur un rocher élevé dont un des flancs est taillé à pic et le sommet couronné des ruines d'un ancien château. De chaque côté de la Loire, en dehors de l'île, s'étendent les faubourgs de Saint-Privé et d'Allier ou de Crotte. De belles promenades, plantées d'arbres séculaires, longent le bras droit de la Loire, dans la partie nord-ouest de l'île.

« Decize, dit Guy Coquille, dans son *Histoire du* « *Pays et Duché de Nivernois*, est petite ville assize « en une isle environnée de la rivière de Loire, « qui n'est pas une isle plate comme sont ordinaire- « ment les isles sur rivière ; mais est élevée et « surgit en une petite montagne en rochier, en « laquelle est le chasteau et partie de la ville, le « Prioré de sainct Pierre, et le Monastère des reli- « gieuses de saincte Claire ; mais tout ce haut a ses

« murailles anciennes, et tout le dedans est comblé « de terre jusques à la cime des murailles, en sorte « que les jardins et la plaine de ce lieu haut est en « plus grande hauteur que ne sont les cheminées « des maisons qui sont au pied de ces murailles. »

Peu de villes françaises sont entourées d'autant de cours d'eau que Decize. Au nord, du côté de la ligne du chemin de fer de Nevers à Chagny, qui passe à quelques centaines de mètres seulement du centre de la ville de Decize, on voit l'un des bras de la Loire, que l'on traverse sur un grand pont de pierre ; la rivière d'Aron, qui se jette dans la Loire à Decize, et le canal du Nivernais, qui joint la Loire à l'Yonne ; au sud coule l'autre bras de la Loire, sur lequel est établi un beau pont suspendu, et, un peu plus loin, on rencontre le canal latéral à la Loire.

Sous le rapport des routes, Decize n'est pas moins bien partagée. Un proverbe local dit : « *Decize, petite ville bien assise, à sept lieues de sept villes.* » Plusieurs routes, en effet, conduisent de Decize aux sept villes suivantes : Nevers, Moulins-sur-Allier, Saint-Pierre-le-Moûtier, Bourbon-Lancy, Luzy, Moulins-Engilbert et Saint-Saulge. Toutefois, comme on doit bien le penser, le chiffre de sept lieues, donné comme distance de Decize à chacune de ces villes, n'est pas d'une exactitude rigoureuse.

Decize est donc avantageusement située pour le commerce, et, de fait, cette petite ville a toujours été très commerçante.

II

La fondation de Decize remonte aux siècles qui ont précédé notre ère. A l'époque gauloise, cette ville faisait partie de la république éduenne, dont la capitale était Bibracte (aujourd'hui Autun).

Les Eduens étaient le peuple le plus puissant des Gaules et ils avaient sous leur dépendance tous les peuples voisins : les Bituriges, les Arvernes, les Mandubes, les Ambarres, les Aulerces, les Insubres, les Segusiens, etc.

Les Eduens étaient renommés pour leur valeur et leur générosité. Sous le règne de Tarquinius Priscus, ils franchirent les Alpes, sous la conduite de Bellovèse; pénétrèrent en Italie où ils bâtirent Milan, conquirent plusieurs villes et portèrent la terreur jusque dans Rome qu'ils prirent (587 ans avant J.-C.)

La fidélité des Eduens a été admirée par les anciens : César les en loue dans plusieurs endroits de ses *Commentaires*. Leur alliance fut recherchée par les Romains qui les tenaient en grande estime et leur donnèrent le droit de monter aux dignités du Sénat.

Dans leur guerre avec les Helvétiens qui, au nombre de 368.000, voulaient passer sur leurs terres pour s'emparer de la Gaule, les Eduens montrèrent beaucoup de courage; mais, voyant qu'ils ne pourraient résister longtemps à une armée aussi nombreuse, ils furent obligés de recourir aux Romains. Divitiac, prince éduen, se rendit à Rome et, appuyé sur son bouclier, fit une harangue au Sénat sur la nécessité de ne pas laisser violer le sol de sa patrie par l'armée helvétienne. La république romaine, qui avait justement à venger une défaite que les Helvétiens avaient fait subir autrefois à son armée, envoya César à la tête de cinq légions pour combattre les envahisseurs des Gaules. Ces derniers furent défaits et rentrèrent dans leur pays.

Peu après, les grandes richesses des Eduens excitèrent la jalousie de leurs voisins et leur autorité sur les autres peuples amena des révoltes de la part de ceux-ci. Elles furent réprimées plusieurs fois ; mais, à l'instigation d'Arioviste, roi des Suèves, les Séquanais et les Arvernes ayant appelé les Germains à leur aide, ces derniers pénétrèrent en Gaule au nombre de 120.000 et livrèrent bataille aux Eduens qui, malgré leur valeur, furent défaits et obligés de donner des otages aux vainqueurs. César, averti du malheur de ses alliés, vint à leur secours et contraignit les Germains à rendre leurs otages et à se retirer.

Il convient de remarquer ici qu'en délivrant les Eduens de leurs ennemis, César n'agissait peut-être point d'une manière absolument désintéressée. L'illustre général romain rêvait déjà la conquête des Gaules, et il savait que pour mettre son projet à exécution il aurait besoin de l'alliance des Eduens. Cette alliance ne lui fit pas défaut, et ce ne fut qu'au dernier moment que quelques chefs éduens, ayant pénétré ses vues ambitieuses et voyant leur liberté menacée, se tournèrent contre lui.

Decize, ou plutôt Decetia, était une ville considérable des Eduens, et, dans le VIIe livre de ses *Com-*

mentaires, César nous apprend qu'il y vint en personne l'an 52 avant J.-C. pour interposer son autorité dans un différend survenu à Bibracte. Deux candidats, Cotus et Convictolitan, avaient brigué la souveraine magistrature et se prétendaient régulièrement élus vergobrets (1).

Convictolitan, jeune seigneur de grande naissance, avait eu pour lui les voix des Druides et celles de la majorité du grand conseil ; Cotus, frère du candidat sortant, avait été nommé par plusieurs personnages importants de la ville ; mais, disait-on, en violant les lois. Afin d'éviter une guerre civile, les principaux des Eduens allèrent à Avaricum (Bourges) solliciter l'intervention de César. La législation des Eduens s'opposant à ce que le vergobret, ou celui désigné pour l'être, franchît la frontière, le général romain, bien qu'engagé alors dans la lutte suprême contre Vercingétorix, accourut à Decetia, où il convoqua le Sénat éduen et tous ceux que ce débat intéressait. Une grande partie de la nation s'y rendit. Après s'être fait rendre un compte détaillé, César contraignit Cotus à se démettre et confirma l'élection de Convictolitan. Ensuite, il exhorta le peuple à oublier ce qui s'était passé pour tourner toutes ses pensées vers la guerre des Gaules, l'assurant de la récompense lorsqu'elle serait terminée.

Pour prix de sa médiation, César demanda aux Eduens dix mille hommes de pied et toute leur cavalerie, puis il partit pour aller mettre le siège devant

(1) Ver-go-breith, homme pour le jugement, magistrat unique que les notables et les Druides élisaient chaque année et qui avait droit de vie et de mort sur tous les citoyens.

Gergovie (capitale des Arvernes, bâtie sur le Puy-de-Dôme).

Cet épisode des *Commentaires* de César prouve bien l'ancienneté et l'importance de Decetia.

Ce nom, dont la terminaison *etia* semble au savant Lebœuf, comme dans Lutetia (Paris), indiquer une île, Decize le conserve dans l'*Itinéraire* d'Antonin, ou la carte théodosienne, qui date du troisième siècle de notre ère, et qui place cette ville entre Sancoins et Alluy, sur la route de Bourges à Autun, dans une île que la Loire forme en se coupant (*dec*, coupure, *ec*, rivière. — *Mémoire sur la langue celtique*, par Dom Bullet). Suivant Gillet, l'*Itinéraire* d'Antonin donne aussi à Decize le nom de Decida. Enfin, cette ville est appelée Degena par Peutinger et Decisa par Innocent III, élu pape en 1198.

Les restes de voies romaines que l'on rencontre entre Bourges et Autun confirment l'exactitude de l'*Itinéraire* d'Antonin. D'autre part, la découverte de médailles, de statuettes, de fragments d'armures, etc., et quelques appellations consacrées à des lieux du voisinage, comme Germancy, *villa Germanici;* Fleury, *villa Flori ;* Cossaye, *villa Coccei ;* Diennes, *lucus Dianæ*, attestent d'une manière incontestable l'occupation romaine.

III

Au sommet de la ville de Decize et à la base des remparts du vieux château, dans les fondations, on a trouvé des débris de frises, de fûts de colonnes, de chapiteaux, etc., qui démontrent qu'il existait là un édifice de construction romaine, probablement un temple, comme les Romains avaient coutume d'en construire sur les lieux élevés.

A quelle époque ce temple païen fut-il remplacé par l'église chrétienne ? On ne saurait le dire. Cependant on sait que vers le milieu du VIe siècle, deux pieux ermites, Euphrasius et Auxilius, se réfugièrent dans une grotte qu'ils transformèrent en chapelle, à l'endroit même où s'élève aujourd'hui l'église de Decize. Arégius (saint Aré), qui fut évêque de Nevers de 549 à 558, choisit cet oratoire pour le lieu de sa sépulture.

La chronique rapporte que le saint prélat qui, pendant sa vie, avait le don des miracles, fut, après sa mort, placé dans une nacelle sur la Loire, à Nevers, avec une croix et des cierges allumés, et que, sans aucun secours humain, cette nacelle remonta le fleuve jusqu'à Decize, où elle s'arrêta. Le corps d'Arégius fut inhumé, selon son désir, dans la chapelle des ermites, qui était alors dédiée à Notre-Dame-de-la-Grotte. Cette chapelle, reconstruite vers le Xe siècle, n'est autre que la crypte très intéressante qu'on remarque sous le chœur de l'église actuelle. On voit encore sous les voûtes sombres de cette crypte un autel surmonté d'un retable, où sont sculptés plusieurs sujets de l'Ancien Testament et les armoiries des Clèves, des Gonzague et de la famille Coquille.

On sait que l'église de Decize est placée sous l'invocation de saint Aré. « Le corps du saint y est « vénéré, dit Coquille, et ses prières réclamées « pour guérison de fièvre ; sa fête est le seizième

« aoust. » Sa tête fut longtemps conservée dans une châsse et les évêques de Nevers visitèrent souvent ses reliques.

Dans le faubourg de Crotte, appelé autrefois de Saint-Gilles, à cause d'une commanderie de Malte qui s'y trouvait, on voit aussi la source de Saint-Aré, où le clergé de Decize allait en procession et dont l'onde guérissait de la fièvre.

L'église de Saint-Aré, édifiée au-dessus de la crypte primitive, offre un mélange de divers styles sans harmonie. La porte latérale est byzantine, et son bénitier, placé au dehors, est inhérent à l'une des colonnes d'appui. Le chœur appartient à l'architecture romane. Le clocher gothique s'élance du transsept gauche ; il a été construit en 1550. Outre deux bénitiers en fonte et des fragments de bas-reliefs, on remarque dans cette église un bel escalier en bois sculpté qui s'élève en spirale pour conduire au clocher et dont la construction remonte au règne de François Ier.

Le 22 février 1842, le vieux mur du château s'écroula sur l'église de Decize et réduisit en ruines la partie orientale de la nef, et notamment la chapelle de la Vierge, qui avait été fondée en 1264 par un archidiacre de l'église d'Auxerre, nommé Guillelmus de Decize, lequel avait doté cette chapelle de ses propres biens et s'était réservé la nomination du vicaire chargé de la desservir, droit qu'il dévolut après lui au chapitre de Nevers.

En 1273, l'évêque Gilles Ier créa dans l'église de Decize un archidiaconat, ce qui était une haute dignité ecclésiastique. D'après Guy Coquille, « les

« Archidiacres, par ancienne observance, sont en « dignité première et plus grande que les Arche- « prestres, et sont vicaires naiz de l'Evesque et pre- « miers après luy, qui doivent ouyr les causes et « débats au soulagement de l'Evesque, et luy référer « les plus graves. » Cet archidiaconat avait sous sa juridiction la moitié des huit archiprêtrés du diocèse, savoir : Decize, Moulins-Engilbert, Châtillon-en-Bazois et Thianges. Les quatre autres, qui étaient les Vaux de Nevers, Saint-Pierre-le-Moutier, Prémery et Lurcy-le-Bourg, dépendaient de l'archidiaconat de Nevers.

C'est sans doute à cause de cette distinction que Decize disputa si longtemps à Clamecy le rang de seconde ville du Nivernais. « Ces deux villes, dit « Guy Coquille, ont long-temps contendu du deuxième « rang après Nevers, ès assemblées du pays. Nevers « a sans difficulté le premier rang : le débat des deux « villes, Clamecy et Decize, a esté quelquefois ter- « miné par sort, comme fut ès exèques solennelles « de Madame la princesse de Condé, Marie de Clèves; « autres fois, comme ès baptêmes des enfants de la « maison de Nevers, les deux villes ont marché en « mesme rang, l'une à dextre, l'autre à senestre; « l'une à l'aller, l'autre au retour. »

L'archiprêtré de Decize se composait de vingt-deux paroisses, de l'église collégiale de Dornes, du monastère des religieuses de Sainte-Claire, à Decize, et des prieurés de Montempuy, de Saint-Pierre-de-Decize, de la Chapelle-aux-Chats, de Lucenay-les-Aix, de Saint-Loup-sur-Abron, de Saint-Symphorien et de Cossaye.

Dans la paroisse de Saint-Privé se trouvait la chapelle de Saint-Thibault, qui appartint aux Templiers et qui sert aujourd'hui de magasin à fourrages; plus loin, on rencontrait la chapelle de Notre-Dame-de-Bonne-Nouvelle. Celle de Notre-Dame-de-Pitié, fondée par la famille Coquille, était au delà du faubourg de Saint-Gilles.

Decize possédait aussi un riche prieuré de Bénédictins, sous le vocable de Saint-Pierre. Landry, comte de Nevers, en fit, de vive voix, donation à l'abbaye de Saint-Germain-d'Auxerre, et, en 1032, son fils Renaud confirma par écrit cet acte de libéralité. En 1621, les Bénédictins furent remplacés par des religieux Minimes de Nevers, de l'ordre de Saint-François-de-Paule. Les habitants de Decize leur allouèrent une rente de 600 livres tournois sur leur octroi. Cet établissement fut approuvé par lettres patentes du roi, données à Tonneins au mois de juillet 1621. L'acceptation en fut également faite par l'évêque Eustache du Lys, par le duc de Nivernais et par le supérieur des Minimes de Nevers. Ces religieux firent de l'ancien prieuré de Saint-Pierre un des meilleurs monastères de leur ordre et possédèrent cet établissement jusqu'à la Révolution.

IV

Après la conquête romaine, Decize jouit, pendant cinq siècles, de la prospérité apportée dans tout le pays par les travaux intelligents des vainqueurs du monde; puis elle passa, avec le territoire environnant, sous la domination des Francs et, dans les partages qui se firent à la mort de leurs chefs, échut tantôt au roi franc de Bourgogne, tantôt à celui de Neustrie, tantôt à celui d'Austrasie, jusqu'à l'avènement des Carlovingiens.

C'est au milieu de ces changements politiques que notre province se forma et se sépara du pays d'Autun. L'évêché établi à Nevers au commencement du VIe siècle fit affluer dans cette ville les habitants du voisinage, et autour de ce centre chrétien se développa la province sous le titre modeste de *Pagus Nivernensis*. Cependant, le chef qui la gouverna au nom des rois francs, vers le milieu du VIe siècle, reçut de saint Germain, évêque de Paris, le titre de *Princeps*.

La formation du diocèse de Nevers précéda donc la formation de la province nivernoise. Guy Coquille dit, à ce sujet, dans l'avant-propos de la *Coutume du Nivernois* : « Par l'ancien établissement de cette « monarchie qui duroit encore au temps de Charles- « le-Grand, les provinces de ce royaume estoient » départies selon les eveschés, comme l'on connoist « par les Capitulaires dudit Charles et de Louis, son « fils, empereur, où se dit que chacun an l'empereur « déléguoit certains personnages qui estoient dits « envoyés en chacun diocèse et avoient titre de « comtes; lesquels avec les évesques des lieux avoient « toute charge de la direction ; à sçavoir, les éves- « ques pour les choses spirituelles et des mœurs, et « les envoyés pour le fait des armes et de la punition « des criminels et connoissance des différents en « matière profane. »

Le gouvernement du Nivernois se confondit pendant longtemps dans celui de la Bourgogne, et les ducs de ce pays joignaient à leur titre celui de comtes de Nevers. On vit successivement à la tête de la province :

Drogon, fils de Pépin, maire du Palais ; Arnould, fils de Drogon ; Charles Martel ; Gérard de Roussillon, connu aussi sous le nom de Gérard de Nevers ; Robert-le-Fort, duc de France ; Bernard, duc de Septimanie ; Guillaume Ier, fils de Bernard ; Rathier, qui fut tuteur de Charles-le-Simple ; Guillaume II, frère de Guillaume Ier ; Seguin Ier ; Guillaume III, neveu de Guillaume II ; Gozfrid ou Geoffroy ; Rodolphe ou Raoul ; Seguin II ; Othon et Henry-le-Grand, tous deux ducs de Bourgogne et frères de Hugues-Capet ; Otte-Guillaume, fils adoptif de Henry-le-Grand.

En 990, Otte-Guillaume donna le Nivernois à sa fille Mahaut ou Mathilde, qui le porta en dot à Landry, seigneur de Metz-le-Comte.

Jusqu'à cette époque, les comtes qui avaient gouverné le Nivernois étaient amovibles ; mais, entre les mains de Landry, le comté de Nevers devint héréditaire et le comte fut un véritable souverain, qui fit la guerre, battit monnaie, leva des impôts et rendit la justice en son nom.

V

Nous avons vu que les évêques, dépouillés du pouvoir temporel au profit des comtes, avaient conservé toute leur juridiction sur les choses spirituelles et sur les mœurs. Les habitants de Decize ayant eu à se plaindre d'un instituteur nommé Hugues de Bray, ils dénoncèrent sa conduite et demandèrent son remplacement au chapitre de Nevers. Voici, comme échantillon des mœurs du moyen âge, la curieuse requête qu'ils présentèrent à ce sujet :

« Comme il vous a plu de commettre et esta-
« blir Hugues de Bray à gouverner les escholes
« de Decize, et que nous soyons certains que le-
« dict gouvernement n'est ni bon, ni proficlable
« aux enfants desdictes escholes, parce que les-
« dicts escholiers ne prisent rien ledict maistre, et
« avec ce, ledict maistre, à la fête de Sainct-Ni-
« colas d'hiver dernièrement passée, donna, et de
« trop, à sesdicts escholiers la licence de jouer aux
« déz jusqu'à la somme de douze deniers, par la-
« quelle licence à eux lors donnée, ils s'y sont si bien
« accoutumés que, chaque jour, ils jouent à l'eschole
« aux déz, à la vue et au sçu dudict maistre, et ont,
« lesdicts escholiers, pour ce faire, leurs pierres
« propres et plattes ; et quand aulcune fois ledict
« maistre, par honte, les en veut corriger, ils se
« défendent et se servent de pierres et autres choses
« ou le poignent de leurs griffes, quoiqu'enfants de
« quatorze ans ou environ ; — et de ce n'est qu'une
« fame et renommée ès dictes villes et en plusieurs
« autres lieux ; et encore a-t-il, ledict maistre, plu-
« sieurs autres vices que nous ne voulons même dire
« chacun par soi. Qu'il vous plaise, notre chier Sei-
« gneur, mettre et establir un autre bon et quérable
« gouverneur ès dictes escholes, ou si non, ne vous
« déplaise, il conviendra que par cause dudict gou-

« vernement, nous qui enfants y avons, les envoyions « autre part ès escholes et les mettions en autre gou- « vernement ; et, notre chier Seigneur, nous vous « voudrions supplier, tant au nom de nous que « comme au nom de tous ceux qui enfants ont et « ont à avoir ès dictes escholes, que, audict gouver- « nement, il vous plaise mettre et establir Guillaume « Charny, clerc ; car il nous plairait, moins parce « qu'il est de notre pays, que parce qu'il serait bon « et quérable à ce et ferait le proficit des enfants. » (Girerd. — *Decize*).

Après avoir été soumise à la domination épiscopale, la ville de Decize passa sous la suzeraineté des comtes de Nevers, qui établirent sur son rocher un vaste château-fort et en firent une des plus belles châtellenies du Nivernais. Vers le XIIe siècle, la ville, déjà protégée par le fleuve, fut entourée de fossés creusés sur les terrains du comte et peu après on y éleva des fortifications.

VI

Decize dut l'abolition du servage à la charte d'affranchissement de la comtesse Mahaut, fille de Pierre de Courtenay et d'Agnès de Nevers, mariée en 1189 à Hervé, baron de Donzy, et remariée en 1226 à Guy, comte de Forez. Dans les contrats de mariage de cette époque, il est stipulé que : « lesdits seront « mariés francs par la coutume et par le privilège « donné par feue de bonne mémoire dame Mahaut, « comtesse de Nevers, où il est dit que les filles pu-

« celles mariées, père et mère vivants et leurs meu-
« bles portant, seront franches. »

Cependant, malgré le mouvement social imprimé par les Croisades, mouvement qui eut pour effet l'affranchissement des vassaux et l'émancipation des communes, le servage se maintint longtemps aux environs de Decize, principalement dans l'importante baronnie de Druy dont les seigneurs, méconnaissant la suzeraineté des comtes de la province, continuèrent de relever seulement de l'évêché. On sait qu'il n'y avait rien de plus absolu que la puissance du maître : « Il est seigneur dans tout le ressort, dit
« un vieil auteur, sur teste et col, vent et prairie ;
« tout est à lui ; forest chenue, oiseau dans l'air,
« poisson dans l'eau, beste au buisson, cloche qui
« roule, onde qui coule. » Le serf n'avait donc rien en propre et ne pouvait rien transmettre ; il appartenait au seigneur corps et bien, avec sa femme et sa lignée née ou à naître ; il était tellement attaché à la terre, que la terre ne pouvait être vendue sans lui, ni lui sans la terre. Les serfs de la seigneurie de Druy sollicitèrent donc longtemps leur émancipation. Quelques-uns seulement parvinrent à l'obtenir, mais en restant encore soumis à la servitude du bordelage qui, suivant Coquille, « emporte directe sei-
« gneurie, et, à cause d'icelle seigneurie, tiers-
« denier, retenue et retour aux cas échéants et dessus
« déclarés. » (*Coutume du Nivernois*, chap. VI, art. 2).

A titre de curiosité, voici le texte littéral d'une charte d'affranchissement donnée par le baron de Druy à une famille serve de sa seigneurie, en 1501 :

« A tous ceux qui ces présentes lettres verront, « Pierre Baudereul, bourgeois de Sainct-Pierre-le- « Moustier, et garde du scel du roi nostre sire, es- « tabli aux contrats en la prévôsté dudit lieu, salut, « savoir faisons que, pardevant Pierre Douet, clerc « juré du roy nostre sire, et notaire dudit scel, au- « quel quant à ce nous avons commis nostre pouvoir » pour ce, — personnellement establi noble et puis- « sant seigneur Jehan Destampes, chevalier, sei- « gneur de Druy, etc... lequel, pour considération « des bons et agréables services que Isabeau Ga- « lault, femme de Georges Peyroux, Berthier et « Etiennette ses enfants et dudit Peyroux, parois- « siens de Parigny-sur-Sardolles, hommes et femmes « serfs et de serve condition dudit chevalier, à cause « de sa dite terre, justice, seigneurie et châtellenie « dudit Druy, lui ont par cy-devant faits, et pour « l'espoir que ledit chevalier a que plus grands lui « fassent les dessus nommés au temps advenir, — « aussi pour considération que, au commencement « du monde et de la création d'humaine nature, Dieu, « nostre créateur, forma et créa homme et femme en « vraye liberté et franchise, étant et usant de leur « franc et libéral arbitre, et que nostre benoist créa- « teur et rédempteur Jésus-Christ print chair hu- « maine en la très-glorieuse, sacrée et benoiste « Vierge Marie, souffrit mort et passion en l'arbre « de la croix, et répandit son digne et précieux sang « pour nous rachepter et deslier de la maulvaise « servitude d'enfer, où nous étions tous subjets et « liés par le péché de Adam, nostre premier père ; — « considérant en outre la Saincte-Escriture tesmoi-

« gnant que celuy dessert et mérite avoir relaxation
« de ses péchés qui deslie et relaxe le serf du joug
« et lien de servitude ; — pour ces causes et autres
« à ce mouvant ledit Chevalier, comme certain, et
« bien conseillé en ce fait, non deçeu, et comme il
« disait, sciemment de son bon gré et bonne volonté,
« sans aulcune force ni contrainte, publiquement et
« en droit, a cogneu et confessé, et par ces présentes
« cognoist et confesse dès maintenant, avoir manu-
« mis et affranchi, et par ces présentes cognoist ma-
« numettre et affranchir, de grâce spéciale et pour
« les causes dessus dites, ladite Isabeau Galault,
« femme dudit Georges Peyroux et Berthier et Etien-
« nette, ses enfants et dudit Peyroux dessus nom-
« més, ses homme et femmes de ladite condition, à
« cause que dessus ; — et iceux a délivrés et ostés
« de tout lien, obstacle et macule, à quoi ils étaient
« adstraints et tenus envers ledit Chevalier et ses
« hoirs, à cause de ladite seigneurie de Druy, en
« quelque manière et pour quelconques causes ou
« raisons que ce soit ou puisse être ; — voulant et
« consentant ledit chevalier, pour lui et sesdits hoirs
« perpétuellement, que ladite Isabeau Galault et les-
« dits Berthier et Etiennette, ses enfants dessus
« nommés, leur séquelle, postérité et lignée, tant
» masles que femelles, nés et à naître, de hoir en
« hoir, descendant successivement de leur propre
« corps, puissent et leur soit loisible jouir et user
« dorénavant et perpétuellement de toute liberté et
« franchise, donnant et octroyant ledit Chevalier,
« pour lui et ses hoirs, permission et congé de dis-
« poser et ordonner de leurs biens tant meubles que

« immeubles, et de leur bonne volonté yceux vendre, « donner, aliéner, faire et passer tous contrats en « jugement et dehors, et faire testaments et ordon- « nance de dernière volonté, et à ycelui Berthier et « ses successeurs masles se faire tonsurer, prendre « tonsure, et se faire ycelui Berthier et autres en- « fants masles clercs et prestres, si bon leur semble, « et avoir la succession et échoite l'un de l'autre ; — « les mettant, manumettant, affranchissant, délivrant « et ostrant de tous liens, tailles, impositions, questes, « servitude, poursuites, main-morte et autres rede- « vances et subventions de servitude de la condition « et coutume du pays de Nivernois, moyennant et « parmy la somme de cent sols tournois que ledit « Georges Peyroux, mari de ladite Isabeau et père « desdits Berthier et Etiennette, promet, et en leur « nom, payer, bailler et délivrer audit Chevalier, « ainsi qu'il disait et dont ycelui Chevalier s'en est « tenu pour content et bien payé. *Item* a quitté, et « par ces présentes quitte ladite Isabeau, ses enfants « et tous aultres perpétuellement, et aussi moyen- « nant certaines charges de bourdelage, champart, « cens et aultres charges et devoirs plus amplement « spécifiés et déclarés par aultres lettres, cejourd'hui « date des présentes, faites et passées entre ledit « Chevalier et les dessus nommés, reçues sous ledit « scel par ledit juré ; promettant ledit Chevalier par « sa foy pour ce donnée en la main dudit juré, que « contre cette présente manumission et affranchis- « sement il ne viendra, ni venir fera par lui ni par « aultre, en aulcune manière, au temps advenir, et « encore ces choses dessus dites et chacune d'icelles

« tiendra, gardera et fermement accomplira de point « en point, ainsi et par la forme et manière qu'elles « sont cy-dessus écrites, dites, narrées, sans jamais « venir ni faire venir au contraire, sous peine de « tous cousts, pertes, dommaiges et dépens sur ce « venant restituer, sous l'obligation de tous ses biens « et des biens de ses hoirs, meubles et immeubles, « présents et advenir, qu'il a pour ce soumis à vendre, « exploiter.....

« Donné audit lieu de Druy, et à la relation dudit « juré du scel dessus dit scellé en témoing de ce, « le seixième jour de décembre l'an mil cinq cent un, « présents François Raffin, Jehan Bridon et Jehan « Resmon, témoins à ce requis et appelés. » (1).

VII

L'affranchissement des vassaux amena, on le sait, l'établissement des communes. Avant 1300, la ville de Decize était déjà gouvernée par des magistrats élus par le peuple. Cette élection avait lieu à deux degrés : on élisait d'abord soixante-cinq délégués et ceux-ci nommaient ensuite quatre échevins, un contrôleur, un procureur du denier commun et un trésorier ou receveur communal. Les élus ne restaient en fonctions qu'une année, à moins de circonstances exceptionnelles, et leurs comptes étaient vérifiés et jugés en assemblées publiques tenues soit dans l'église de Saint-Aré, soit dans celle du prieuré de Saint-Pierre.

(1) Girerd. — *Decize*. — Pièces justificatives.

Un acte notarié de 1441 nous apprend que les échevins de Decize passèrent un marché pour la construction d'une tour « pour servir et annoncer les affaires de la commune » et qui devait être placée « en la muraille de la ville, du côté du verger du chastel. » Cette tour, demi-romane et gothique, dans laquelle on installa le beffroi, est encore debout et témoigne de l'affranchissement de la commune sans nous en faire connaître la date précise.

Decize possédait donc les trois types de la société politique au moyen âge : l'église, le château et le beffroi.

La forte position de cette ville la préserva de toute atteinte pendant la guerre de Cent-Ans, bien que ses alentours fussent infestés d'ennemis. Elle donna même l'hospitalité à d'autres habitants qui n'avaient pas de remparts pour s'abriter. En 1359, les Anglais s'étant emparés du château de Druy, les habitants de Tinte redoutant le même sort pour leur « ville champestre », envoyèrent à Decize réclamer aide et protection. Aussitôt les jeunes gens de la ville équipèrent des bateaux et des chalands qu'ils firent descendre jusqu'à Tinte, où ils embarquèrent les vieillards, les femmes et les enfants, ainsi que leurs meubles et leurs denrées. Puis, pour empêcher les Anglais de s'abriter dans les habitations désertes et de profiter de ce qu'ils ne pouvaient emmener, les courageux Decizois mirent le feu aux maisons de Tinte et ne s'éloignèrent du rivage que lorsque la ville champêtre eut disparu dans les flammes.

Cet acte de patriotisme, au lieu d'être récompensé, fut puni sévèrement, plusieurs années après, par

Jehan de Jaucourt, qui gouvernait la province au nom de la maison de Bourgogne. Les auteurs de l'incendie de Tinte furent mis en prison et condamnés à de fortes amendes. Ils adressèrent alors une supplique à Philippe-le-Hardi, qui exerçait l'autorité pour le compte de son fils Jehan, à qui le Nivernais avait été donné. Ce prince accueillit leur réclamation en ordonnant un plus ample informé et leur mise en liberté sous caution.

Voici le texte de la lettre qu'il écrivit à ce sujet au gouverneur du comté de Nevers :

« Philippe, fils du roi de France, duc de Bour-
« gogne, comte de Flandre, d'Artois et de Bourgogne,
« palatin, etc., ayant à présent le gouvernement de
« nostre chier et très amé fils Jehan de Bourgogne,
« comte de Nevers ; à notre amé et féal chevalier
« messire Jehan de Jaucourt, gouverneur dudit
« comté de Nevers, salut et dilection.

« Exposé nous ont, en complaignant, Huguenin
« Bousserant, Huguenin Coquille, Jehan de Fon-
« taines, Jehan Tarin, Robert Boucault, habitants
« de nostre ville de Decize, disant que comme environ
« vingt-cinq ans a que les Anglais tenaient et occu-
« paient le chastel de Druy, près de la ville de Decize,
« et plusieurs aultres forteresses de lès environs,
« plusieurs habitants de la ville de Taintes, qui est
« ville champêtre de ladite terre et juridiction dudict
« chastel de Druy, se fussent traicts par devers le
« gouverneur de ladicte contrée, et le chastelain
« dudict lieu de Decize qui lors estait, en leur sup-
« pliant qu'ils voulissent pourvoir à leurs personnes,
« à leurs maisons et biens dudict lieu de Taintes, à

« ce qu'ils ne fussent ars et gastés par lesdicts Anglais
« qui occupaient ledict chastel de Druy, comme dict
« est; — et lesdicts gouverneur et chastelain, ouye
« la requête desdicts habitants, et considéré que lors
« feu monsieur le roy, que Dieu absolve, eût fait
« crier généralement que chacun retirast ses biens
« en forteresse ou aultres lieux sûrs, sous peine de
« les perdre, commandèrent à plusieurs habitants
« de la ville de Decize qu'ils se transportassent au
« village de Taintes, afin de pourvoir à ce que dict
« est. Et advint que lesdicts suppliants qui estaient
« jeunes, avec plusieurs jeunes hommes de la ville
« de Decize, en obtempérant au commandement
« desdicts gouverneur et chastelain et audit cry royal,
« se transportèrent audict lieu de Taintes, qui est
« assis par-delà la rivière de Loyre, et, là, amenèrent
« et firent amener bateaux et chalants qui furent
« chargés hastivement des gens et biens qu'ils trou-
« vèrent audict lieu de Taintes, et les transportèrent,
« par-delà ladicte rivière, dans les portes de ladicte
« ville de Decize, pour les mettre en sûreté; — Et
« pour doubte que lesdicts Anglais ne s'aidassent et
« ravitaillassent du demourant desdicts biens, et y
« logeassent eux et leurs chevaux, aulcuns desdicts
« habitants et des gens familiers dudict chastelain de
« Decize, en quelle compagnie estaient les suppliants,
« boutèrent le feu au demourant desdicts biens, par
« lequel feu ardirent maisons dudict village; — pour
« lesquelles causes vous avez naguères fait approcher
« par devers vous les suppliants, et, iceux, sans avoir
« esté ouys en leur défense, les avez faict mettre en
« prison, et obligés à nous payer plusieurs grosses

« sommes d'argent ; et pour icelles sommes payer, « nostre receveur les a contraincts et veut contraindre « par détemption de leurs corps et aultrement, et « leur faict grand grief, préjudice et dommaiges, et « ce induement, si comme il est dit ; en nous sup- « pliant humblement leur être sur ce pourvu de « gratieux et convenable remède.

« Pourquoi, nous, attendu les excuses dessus dictes, « vous mandons que, appelés les bailly, procureur et « receveur de Nivernois, vous informiez bien et dili- « gemment dudict faict, et de sainement relaxer les « suppliants en la manière qu'il appartiendra. Et « tout ce qui par vous sera faict et prouvé, renvoyez « le plus briefvement que vous pourrez, enclos sous « vostre scel, par l'un des dessus dicts officiers, avec « vos avis sur tout, pardevant nous ou nostre grand « conseil de Paris, afin que sur ce nous ordonnions « et fassions ordonner tel remède, ou grâce, comme « bon nous semblera. — Et cependant, vous, rece- « veur, surséez de contraindre et molester lesdicts « suppliants, ou leurs pleiges, à nous payer lesdictes « amendes ; — et pour ce, si leurs biens estaient saisis « et arrêtés, vous les leur rendrez... en baillant cau- « tion suffisante, au cas qu'ils n'auraient assez du « leur pour nous. Donné à Paris, le quinzième jour « d'octobre, l'an de grâce mil trois cent quatre-vingt « et quatre. — Ainsi signé en la marge dessous : par « monsieur le duc, messire Andrault présent, E. « Dangeuil » (1).

---

(1) Girerd — *Decize* — Pièces justificatives.

VIII

Le château-fort de Decize, dont il ne reste plus que des ruines imposantes, devait être un vaste et beau manoir. Les comtes de Nevers l'habitaient, surtout pendant que le fief appartenait à la maison de Bourgogne.

En 1424, Bonne d'Artois, veuve de Philippe II de Bourgogne, comte de Nevers, tué à la bataille d'Azincourt, réunit sa cour au château de Decize pour y célébrer son nouveau mariage avec Philippe-le-Bon, duc de Bourgogne. Ce puissant prince reçut à Decize, le jour même de son mariage, les envoyés du duc de Bretagne, qui lui apportaient les préliminaires d'une alliance qui devait avoir pour résultat de chasser les Anglais de la France. Dom Lobineau dit à ce sujet, dans sa *Grande Histoire de Bretagne* : « Pour détacher le duc de Bretagne d'avec les « Anglais, le roi lui envoya plusieurs ambassadeurs. « Il fut aussi conclu par les Etats de Bretagne que « le comte de Richemont irait trouver le roi. Le duc « et le comte, son frère, firent incontinent savoir cette « résolution au duc de Bourgogne, par Raoul Gruel « et Philibert de Vendré, qui le trouvèrent à Decize, « le jour même qu'il épousa Madame de Nevers, et « lui firent savoir que l'intention du comte de Richemont était de travailler à la paix entre le roi et le « duc de Bourgogne. »

Peu de temps après, le château de Decize vit célébrer les fiançailles d'Agnès, sœur de Philippe-le-Bon, avec le comte de Clermont.

En 1419, Bonne d'Artois avait fondé à Decize,

dans l'enceinte même du château, le couvent des religieuses de Sainte-Claire. « L'an MCCCC et XIX « fut bâti le couvent de Sainte-Claire, par sœur « Colette, qui fut nastive de Picardie, et principale « réformatrice de l'ordre de Sainte-Claire ; et lui fut « baillé le tiers dudit couvent par madame la comtesse « de Nevers, qui était pour lors nommée Benigne « d'Artois, fille de Philippe d'Artois, comte dudit, « auparavant mariée à Philippe, fils de Philippe-le-« Hardi et de Marguerite de Flandre. » (Archives de Decize).

Sœur Colette fut canonisée. Parmi plusieurs légendes édifiantes, on trouve dans l'histoire de sa vie la relation d'un miracle qui signala sa présence à Decize. Il est raconté en ces termes :

« La guerre civile s'étant allumée en France plus « fort que jamais depuis la mort du duc de Bourgogne, « tué à Montereau, deux grands corps d'armée enne-« mie qui se suivaient, entrèrent dans le Nivernois. « Lorsque Colette alla visiter ce petit couvent de « Decize, quelques mois après sa fondation, la ville « était en armes jour et nuit, parce que les ennemis « s'en étaient approchés. La sacristine de Sainte-« Claire ne sachant pas quelle heure il était, sonna « matines entre neuf et dix heures, croyant qu'il était « plus tard : le son des cloches, à cette heure indue, « mit l'alarme dans la ville ; on crut que c'était le « signal donné aux ennemis pour l'assaillir. Les « bourgeois, la nuit, en tumulte et en armes, accusè-« rent ces religieuses d'être d'intelligence avec les « ennemis et de trahir la ville. Au milieu du tumulte « et de la fureur, ils prennent la résolution d'aller au

« couvent et d'y mettre le feu. La comtesse de Nevers « était absente. Comme ce peuple furieux était en che- « min, l'horloge de la ville et celle du monastère son- « nèrent une heure après minuit ; toutes les horloges « de la ville avancèrent aussi de trois heures. Les « officiers qui étaient en cette ville arrêtèrent alors la « multitude en fureur, en lui représentant que les reli- « gieuses de Sainte-Claire avaient sonné leurs matines, « comme elles faisaient d'ordinaire, à minuit, et que « ces filles pensaient plutôt à servir Dieu qu'à se « mêler de guerre ; que leur abbesse générale, qui « était une sainte, une fille de miracles, était arrivée. « Le peuple, voyant qu'il avait été trompé, s'en « retourna tout confus ; il comprit que l'affront « retomberait sur la comtesse de Nevers, qui était la « fondatrice de cette maison. Mais ce qu'il y eut de « plus surprenant, c'est que le jour suivit les horloges « et avança, comme les horloges avaient fait, de trois « heures dans la ville. A une lieue aux environs, les « villages voisins se trouvant dans les ténèbres de « la nuit, et voyant un grand jour sur la ville et aux « environs, accoururent au prodige sans savoir ce « que c'était, fort surpris de ce qu'ils jouissaient du « jour à mesure qu'ils avançaient vers la ville, tandis « que ceux qui s'en éloignaient s'avançaient dans les « ténèbres. Mais quand la ville fut bien instruite de « la réalité du fait, que le prodige fut bien constaté « et qu'on sut que la sainte était arrivée, les gens de « guerre, les magistrats et tout le peuple allèrent lui « demander pardon. Elle les reçut avec sa douceur « ordinaire et une bonté charmante ; ils la prièrent « d'oublier cet affront, de protéger leur ville, et lui

« promirent d'honorer sa maison et ses filles. Sainte « Colette y resta deux mois et s'en retourna à Aigue- « perse, où la duchesse de Bourbon l'attendait et « faisait travailler au monastère qu'elle devait y « établir... »

IX

De son premier mariage avec le comte de Nevers, Bonne d'Artois avait eu deux enfants, Charles et Jean. Ce dernier, surnommé Sans-Terre, parce qu'il fut dépouillé de ses principaux états par son tuteur, Philippe-le-Bon, second mari de sa mère, hérita néanmoins du comté de Nevers. Il n'eut que deux filles : Elisabeth, femme de Jean Ier, duc de Clèves, morte avant lui, et Charlotte de Bourgogne, épouse de Jean d'Albret.

A la mort de Jean-Sans-Terre, qui arriva le 14 septembre 1491, un différend s'éleva au sujet de sa succession entre Engilbert de Clèves, son petit-fils, et Charlotte de Bourgogne. Celle-ci opposait à son neveu son origine étrangère et une donation qui lui avait été faite à elle-même. Engilbert de Clèves n'attendit pas la solution du débat. Le 3 octobre 1491, il fit sa joyeuse entrée à Decize, sous le titre de comte de Nevers. Il fut acclamé par les habitants qui, précédés de leurs quatre échevins, vinrent processionnellement lui offrir les clefs de la ville ; mais, avant de lui jurer fidélité, ils reçurent d'Engilbert de Clèves le serment que, comme ses prédécesseurs, et mieux s'il le pouvait, il maintiendrait leurs franchises et privilèges. Voici le texte du procès-verbal qui fut dressé à cette occasion :

« A tous ceux qui ces présentes lettres verront,
« Jean Baudereul, bourgeois de Saint-Pierre-le-
« Moutier, et garde du scel de la prévôté dudict lieu
« pour le roi notre sire, salut, savoir faisons que, en
« la présence de Aré Barbery, Aré Dumont, Gilbert
« Buisson, et Louis Charvet, clercs, notaires jurés
« dudict scel, auxquels quant à ce nous avons com-
« mis notre pouvoir, et des témoins ci-dessous écrits,
« les quatre échevins, bourgeois, manants et habi-
« tants de la ville de Decize, eux estant en procession
« générale et grande assemblée desdicts habitants
« de ladicte ville de Decize, ès-lieu accoutumé à
« faire réception et joyeux avénement des princes et
« comtes de Nevers, en leur ville dudict Decize,
« parlant par la voix d'honorable homme et saige
« maître, Jean Chalopin,leur procureur,à ce commis,
« ont esté dictes et proférées à très-haut et très-puis-
« sant prince monseigneur Engilbert de Clèves, de
« la Marche, comte de Nevers, d'Eu, de Réthel et
« d'Auxerre, baron de Donzy, seigneur de Saint-
« Vallery-sur-Mer et des terres d'outre-Meuse, telles
« paroles ou semblables en effet ou substance :
« Notre très-redouté, naturel seigneur et prince, ici
« sont présents vos échevins et plusieurs autres de
« vos bourgeois, manants et habitants de votre ville
« de Decize, lesquels connoissant que vous êtes leur
« droict et naturel seigneur, vous présentent, de leur
« propre vouloir, et sans aucune force ni contrainte,
« les clefs des portes de votre dicte ville, comme vos
« bons et joyeux sujets doivent et sont tenus de faire

« à leur vrai et naturel seigneur, en vous requérant
» et suppliant très-humblement qu'il vous plaise les
« tenir, entretenir et maintenir en leurs privilèges,
« libertés et franchises, tout ainsi et par la forme et
« manière qu'ont fait nos très-redoutés seigneurs et
« princes, messires vos ancêtres et prédécesseurs. »
« — Lequel a juré, la main tendant aux saints évan-
« giles, qu'il tiendrait et maintiendrait lesdicts pri-
« vilèges desdicts habitants, tout ainsi et par la forme
« que ont fait ses prédécesseurs, et mieulx si il pou-
« vait. — Et aussi lesdicts habitants de ladite ville
« de Decize lui ont juré et promis tous serment de
« fidélité, comme à leur bon seigneur et prince ; et
« en outre lui ont promis tous serment et obéissance
« comme sujets tenus à leur prince. — Desquelles
« choses ainsi dictes et proférées, ledit Chalopin, au
« nom que dessus, a requis et demandé lettres d'ins-
« trument pour leur valoir en temps et lieu ce que
« de raison, et lui avons octroyé les présentes, le 3
« octobre 1491. — Présents : Messire Philibert de
« Veaulce, chevalier, seigneur de Villemenant ; no-
« bles hommes Guillaume de Beaumont, seigneur
« d'Epeuilles ; Pierre Berthier, seigneur de Bizy ;
« Jacques Boisserant, seigneur de Lamenay, et au-
« tres témoins à ce appelés et requis. Signé : Buis-
« son, Charvet, Dumont et Barbery, tous notaires. »

« — Et le 25 du même mois, jour de saint Crespin
« et de saint Crespinien, même réception a été faite
« à Charles de Clèves, fils aîné d'Engilbert ; mêmes
« paroles dites par le même Chalopin, et mêmes
« promesses faites par ledit Charles de Clèves. Après,
« lesdits officiers et habitants ont accompagné le

« prince par la ville, parée et tendue jusqu'à son « logis, en criant Noël par les petits enfants et fai- « sant grande joie par lesdits habitants. Présents, « nobles hommes Claude Damas, seigneur d'An- « lezy ; Gilbert d'Avril, seigneur dudit lieu ; Jacques « Boisserant, seigneur de Lamenay, écuyer, et plu- « sieurs autres. Signé Barbery, notaire. » (1).

X

Le différend qui divisait les familles de Clèves et d'Albret ne se termina qu'en 1504, à la suite d'un arrêté de Louis XII ordonnant aux deux fils d'Engilbert de Clèves d'épouser les deux filles de Jean d'Albret.

Charles de Clèves ayant donc épousé Marie d'Albret, sa cousine, devint comte de Nevers. A cette époque, le Nivernais fut séparé du duché de Bourgogne ; mais la cessation du règne de cette puissante maison sur notre province fut fatale à Decize. Plusieurs calamités s'abattirent sur cette ville, jusqu'alors si prospère, et ruinèrent ses habitants.

En 1525, pendant la captivité de François Ier et la régence de la duchesse d'Angoulême, sa mère, une bande de 3.000 Italiens, sous la conduite du comte de Bellejoyeuse, se rendait de Lyon en Picardie pour résister à une menace d'invasion des luthériens. Le vendredi 12 mai, dès le matin, des chevaucheurs se présentèrent aux portes de Decize et demandèrent

(1) Girerd. — *Decize*. — Pièces justificatives.

aux échevins Guillaume Coquille et Guillaume Coppin, qui étaient accourus au-devant d'eux, le logis dans la ville pour la troupe du comte de Bellejoyeuse. L'arrivée de ces aventuriers avait été annoncée par Paquet Coullon, natif de Fontaine, près de Saint-Hilaire, qui les avait rencontrés à Lyon en revenant d'Italie, où il avait suivi François Ier en qualité de trésorier de ses gens de guerre. Les échevins répondirent aux envoyés du comte qu'ils ne pouvaient loger sa troupe, parce que la comtesse de Nevers (Marie d'Albret, veuve de Charles de Clèves), avait donné l'ordre de ne laisser passer aucuns gens de guerre sans son agrément; ils objectèrent aussi la petitesse et la pauvreté de la ville et évoquèrent de douloureux souvenirs. « Naguère, dirent-ils, nous « avons reçu en la ville le capitaine Maulevrier et sa « bande, sous couleur qu'ils avoient promis de ne « faire mal ni déplaisir à ladite ville, ni aux habi- « tants d'icelle; depuis, nous avons, sous la même « promesse, reçu une bande de Lansquenets, menée « par le duc de Cliffort, lesquelles deux bandes ont « fait innumérables maux et excès, comme de piller « les habitants, violer et emmener les femmes, mettre « à perdition et laisser aller les vins... même la « bande dudit Maulevrier mit le feu à la ville... » Enfin, les échevins demandèrent que le comte de Bellejoyeuse différât au moins son entrée jusqu'à ce que l'on eût prévenu la comtesse de Nevers et reçu ses instructions. Ils offrirent, en attendant, de donner aux soldats des vivres hors des murailles. Mais les envoyés du comte ne voulurent rien entendre, et comme l'arrivée d'un plus grand nombre de cavaliers annonçait l'approche de la bande, un seigneur du voisinage, Jean-Pierre de la Boue, qui avait connu Bellejoyeuse dans les guerres du Milanais, proposa d'aller à sa rencontre et de lui porter les doléances et les offres des habitants. Un échevin lui prête son cheval; il part. Vainement remontre-t-il à Bellejoyeuse « qu'il ferait chose agréable à la comtesse « d'aller loger ailleurs, parce qu'après celle de Ne- « vers, la ville de Decize est celle qu'elle aime le mieux » ; le chef n'est plus maître de sa troupe que l'espoir du pillage enivre. Le seigneur de la Boue revient donc tristement transmettre la réponse négative du comte. Malgré l'opposition du peuple, qui veut se mettre immédiatement en état de défense et menace de courre sus à ceux qui parleraient de capituler, on tente une dernière démarche. L'échevin Coquille, le seigneur de la Boue et Antoine Germain, lieutenant du bailly du château, portent au chef de la bande italienne l'offre de deux cents écus pour lui et de tous les vivres nécessaires à ses soldats, avec le logement à l'entour de la ville. « Il est trop tard ! » répond Bellejoyeuse. Coquille rapporte cette réponse aux Decizois et aussitôt l'on ferme les portes de la ville et l'on s'élance sur les remparts. Mais les habitants, mal armés, ne sont guère en état de combattre; ils n'ont, d'ailleurs, pas de chef pour les diriger, le capitaine du château de Decize, Charles d'Avril, parti avec les parlementaires au-devant des aventuriers, n'étant pas rentré en ville.

Les Italiens, munis d'arquebuses et d'arquebutes, dirigent sur les assiégés un feu vif et soutenu. Ils mettent le feu devant la porte du pont de Crotte et bientôt l'incendie dévore le faubourg. Après trois heures d'une lutte inégale, les soldats de Bellejoyeuse donnent l'assaut et escaladent les remparts du côté du couvent de Sainte-Claire. Ils forcent l'entrée du château, dévastent l'église Saint-Aré, profanent les vases sacrés et les vêtements sacerdotaux et immolent l'archiprêtre Lyon-Sellier à l'entrée de la chapelle souterraine. Cet affreux début est suivi du pillage de la ville et du massacre d'un grand nombre d'habitants. Ceux qui échappent à la mort sont soumis aux plus cruelles tortures, jusqu'à ce qu'ils aient déclaré où se trouve leur argent, tandis que les femmes et les filles sont livrées aux raffinements d'une débauche effrénée. Pendant ces horribles scènes, le comte de Bellejoyeuse, installé dans le couvent des sœurs de Sainte-Claire, écoutait froidement les plaintes des victimes qui avaient pu arriver jusqu'à lui et protégeait quelques habitants contre la fureur de ses soldats. L'échevin Guillaume Coquille rapporte qu'il se réfugia lui-même dans ce couvent et qu'il y trouva, placés sous la protection du comte, Jean Madier et sa femme, maître Pierre Ogier, curé de Decize, Edmond Decray, Aré Moquot, déguisé en femme, Philippe Mathé, Pierre Archambault et son fils, Jean Belle et sa femme, Guillaume Guenauldin, messire Jean Vite et Christophe Jeudy.

Le sac de la ville dura deux jours. Enfin, le dimanche 14 avril, le comte de Bellejoyeuse étant parvenu à rallier sa troupe, la passa en revue sur le pont de Loire et l'achemina vers la Picardie.

Le lundi, quatorze personnes furent employées à rechercher les morts : on en trouva plus de 300. Une grande quantité de bœufs et de chevaux morts encombraient aussi la ville. Afin de nettoyer les rues, on fit venir le métayer de Chevigny avec ses bœufs pour charger les morts et les enterrer hors des murs. Huit jours après, le lieutenant du bailliage étant venu à Decize pour informer, au nom de la comtesse de Nevers, sur ces graves désordres, trouva la ville presque déserte. L'échevin Guillaume Coquille, dont il reçut la déposition, lui fit ce résumé désolant : « En somme, en ladite ville et contre les habitants « d'icelle, il a été fait par ladite bande un si grand et « énorme excès, qu'il n'est possible de le savoir, dire « ni préciser, car la plus grande partie des habitants, « sans comprendre ceux des villages des environs de « ladite ville qui en icelle s'étoient retirés, ont été « par les gens de la bande du comte de Bellejoyeuse « tués et défaits, les autres blessés et martyrisés, des « filles et des femmes violées, et toutes les maisons « de ladite ville de Decize indéfiniment pillées ; et « nonobstant que les habitants ont été pillés de leurs « biens, la plupart de ceux qui se sont sauvés ou « leurs femmes, ont été contraints de payer rançon. « Par le moyen desquels excès n'est à présumer que « les vivants voient ladite ville se retirer en l'état « qu'elle étoit. » (1).

L'enquête du lieutenant du bailliage fut interrompue par un étrange incident. On vint le prévenir qu'une grande foule, retirée dans l'église Saint-Aré, s'émerveillait tumultueusement en présence d'une statue de la Vierge qui répandait des larmes de sang, vers la chapelle où l'archiprêtre avait été mas-

(1) Girerd. — *Decize.*

sacré. « Vu lequel rapport, constate le magistrat, « après que d'aucuns gens d'église nous ont rap- « porté, par leurs saints ordres de prêtrise, avoir vu « audit image remuer les yeux, et sur l'un des yeux « apparence d'une petite pipe rouge semblant à sang, « sommes descendus en ladite chapelle, en laquelle « avons trouvé grand nombre de gens, hommes et « femmes, les uns desquels tenaient sur l'autel et « près dudit image des cierges et torches, devant « lequel image, avec les autres de notre compagnie, « longuement nous sommes tenus, le regardant con- « tinuellement l'espace d'environ un quart d'heure, « pendant lequel temps n'avons vu et connu ledit « image remuer les yeux; et, comme on nous a rap- « porté, bien avons vu petite pipe rouge sur l'œil « gauche dudit image. Cela fait, sommes sortis de « ladite chapelle, et en retournant sous une petite « voûte prochaine dudit autel, d'environ deux ou trois « pieds, au bout de laquelle devers ledit autel, nous a « été montré le lieu auquel ledit feu Sellier avait été « tué; et en signifiance de ce, nous a été montrée, près « de la muraille, apparence de sang. Beaucoup d'en- « droits portaient l'empreinte d'arquebusades. Le peu- « ple criait miséricorde devant l'image de Notre-Dame. « Messire Philippe Bardellet, par les saints ordres, « dit avoir vu l'image de Notre-Dame remuer et fer- « mer les yeux. On sonna les cloches pour porter en « procession ledit image, ayant à sa gauche le chef « de Saint-Aré, que les aventuriers n'avaient pu « prendre à cause des treillis de fer, et à droite des « reliques. Une dixaine de personnes, la pluspart « prêtres, ont déposé, les uns avoir vu l'image, qui

« était noir, changer de couleur ; les autres ont rap-
« porté que ledit image remuait l'œil droit et le fer-
« mait ; d'autres attestent par leur serment qu'ils ont
« vu une pipe rouge sur l'œil gauche, mais ne sau-
« raient dire si c'est du sang. » (1).

A l'occasion du désastre subi par Decize, M. de Clenay, maître d'hôtel de la comtesse de Nevers, fut chargé d'un message auprès de la régente, afin d'obtenir pour les malheureux Decizois l'exemption de tailles pendant cinq années, ce qui fut immédiatement accordé.

XI

Le 14 avril 1529, la peste se déclara à Decize et, pendant six mois, y exerça de grands ravages.

Trente ans après, la ville de Decize éprouva un autre malheur. Dans la nuit du 1er septembre 1559, un incendie éclata dans une des maisons de la ville. Comme à cette époque la plupart des maisons étaient construites en bois et que leurs étages supérieurs surplombaient les uns sur les autres, au-dessus de rues étroites et tortueuses, le feu se communiqua rapidement aux habitations voisines et la ville fut bientôt en flammes. En moins de cinq heures, trois ou quatre cents maisons furent réduites en cendres ; il n'en resta que vingt-cinq debout. Voici un extrait de la requête qui fut présentée au roi, par les habitants de Decize, pour obtenir une exemption de tailles pen-

(1) Girerd. — *Decize*.

dant neuf années, requête insérée dans le procès-verbal de Philibert de Saint-Vincent, élu en l'élection de Nivernais, commis pour informer sur ce désastre :

« Ce sont les faits contenus en la requête présentée « au roi, sur lesquels les manants et habitants de la « ville de Decize, paroisses et faubourgs, requèrent « les témoins qu'ils produiront être examinés par « vous, M. Philibert de Saint-Vincent, élu pour le « roy, notre sire, en Nivernois, commissaire en cette « partie.

« Premièrement, que le premier jour de septembre « mil cinq cent cinquante-neuf passé, le feu se prit, « par inconvénient et de nuit, à l'une des maisons « de ladite ville qui était toute bâtie de bois, et était « ladite maison déjà atteinte de feu partout et em- « brâsée avant que les voisins s'en aperçussent ;

« Que ladite maison et les autres maisons proches « ensemble et toutes celles de ladite ville étaient bâ- « ties de bois, et pour la plupart couvertes en essau- « nes et bardaults, et les rues fort étroites, même sur « le haut, pour ce que les maisons étaient avancées « sur les rues ;

« Que c'était lors un temps sec, ayant la sécheresse « duré cinq mois, sans aucune pluye, et outre ladite « sécheresse, courait lors un vent qui portait le feu « vers le fort de la ville, en sorte qu'en moins d'une « heure, vingt ou trente maisons distantes l'une de « l'autre, et en divers endroits, se trouvèrent atteintes « de feu ; et volait le feu de maison à autre à grande « distance, et les rues étaient si encombrées par les « ruines des maisons qui tombaient toutes enflam-

« bées, qu'il n'était possible d'y passer ni de s'y tenir « pour secourir.

« Et par ce moyen, la fureur du feu crût et s'augmenta en si grande violence, qu'en moins de quatre « ou cinq heures toute la ville fut brûlée, hormis « vingt ou vingt-cinq maisons ;

« Que le feu a consumé de trois à quatre cents « maisons habitables ; et ce qui est demeuré ne fait « la dixième partie de ce que ladite ville soulait con- « tenir, étant en son entier ; même que les meilleurs « quartiers et endroits de la ville èsquels tous les « marchands et artisans demeuraient, furent brûlés ; « et au quartier qui est demeuré, n'y a aucun mar- « chand, ains est tout menu peuple et maisons fort « mal bâties ;

« Que par le moyen de cette soudaineté et fureur « les habitants furent surpris, en sorte qu'il ne fut « possible sauver aucune chose de leurs biens et « marchandises ; même que ès-années précédentes « qui avaient été assez fertiles, chacun des habitants « s'était parforcé, et avait employé tout son moyen, « et la plupart hypothéqué leurs biens, afin de re- « couvrer deniers pour faire amas de bleds et de « vins qui tous entièrement furent perdus ;

« Qu'en ladite ville ne se faisait plus grand trafic « de marchandises, si peu que ce fut, sinon de bleds « et de vins dont ils avaient leurs dépesches au Mor- « vand, pays maigre qui leur est prochain ; et étaient « induits à ce principalement pour la grande stérilité « de bleds qui avait été deux ans auparavant ;

« Que la plupart d'entre eux, ayant serré leurs « meubles et marchandises en caves, pour ce qu'ail-

« leurs ils ne pouvaient les mettre, les ont perdus, « ayant été le feu si violent, que les voûtes sont fen- « dues, ou par ailleurs le feu y est entré;

« Que la perte des bleds, vins et marchandises « brûlées et gâtées par le feu, monte à plus de cent « mille francs, quoique ce soit, emporte toutes leurs « facultés;

« Que l'on ne saurait faire rebâtir ce qui a été « brûlé et le remettre en aussi bon état qu'il était « pour deux cent mille écus.

« Même parce que le feu a été si violent que non- « seulement il a consumé le bois, mais a gâté toutes « les murailles, les ayant réduites en chaux, telle- « ment qu'à la première pluye après, la plupart sont « tombées, et les autres ont pris coup et sont en « danger de tomber, et même les caves, pour la plu- « part, sont fendues.

« En sorte qu'il y aura double coût à rebâtir, soit « pour abattre ce qui est mauvais, soit pour décom- « brer jusques en fonds, comme aussi parce qu'il n'y « a aucune perrière prochaine et les ponts étant en « mauvais état pour les voitures et charoys.

« Et les gentilshommes et gens de guerre qui ont « vu les places de frontières qu'on a voulu brûler de « propos délibéré, assurent n'avoir oncques vu à « beaucoup près un si grand dégat et désolation.

« Que, depuis ledit feu, la plupart des artisans et « gens de métier et manœuvres n'ayant moyen de se « loger pour la pauvreté et incommodité des logis « qui sont demeurés, se voyant près de l'hyver, se « sont retirés ou sont en voye de se retirer en autres « villes prochaines.

« Aussi depuis ledit feu, les habitants des villages « prochains, voyant qu'ils ne trouvent à disposer de « leurs denrées et marchandises, aussi qu'ils ne trou- « vent à acheter ce dont ils ont affaire, ne fréquentent « plus les marchés d'icelle ville, et ne leur est aisé « de s'adresser ailleurs, parce que ladite ville est « assise justement au milieu de sept villes, savoir : « Nevers, Saint-Pierre-le-Moûtier, Moulins en Bour- « bonnois, Bourbon-Lancy, Moulins-Engilbert, « Saint-Saulge et Luzy.

« Lesquels deux inconvénients en attirent un autre, « à savoir que, par défaillance de menu peuple et « fréquence des marchés, vraisemblablement les plus « aisés ne voudront plus rebâtir en ladite ville, en « laquelle par le moyen des inconvénients susdits, « ils demeureraient en toute incommodité et ma- « laise.

« Que ladite ville de Decize est assise en une île « environnée de la rivière de Loire, sujette à deux « ponts sur ladite rivière, lesquels deux ponts étant « de tout temps mal bâtis et ayant été mal entretenus « ès années dernières, parce qu'il n'y avait point de « deniers d'octroi ou bien peu, sont de présent en « danger de ruine, joint que la rivière de Loire est « fort impétueuse...

« ... Que les ponts, passages et logis de ladite ville « sont intéressants, soit pour les marchands qui ont « à traverser la rivière de Loire, venant des pays « d'Auvergne, Bourbonnois, Limozin, Guyenne, Poi- « tou, pour aller ès-pays de Bourgogne, Lorraine et « Champagne.

« Comme aussi pour les logis et étapes des princes,

« grands seigneurs et gens de guerre venant de « Suisse, Italie et Provence, qui, pour leur soulagement, ont coutume de s'embarquer à Roanne, « sur la rivière de Loire.

« Et qu'ès-années de cherté de bled, le port et « marché de ladite ville de Decize sert comme d'é« tape pour fournir dix ou douze lieues de pays, « même le Morvand, qui est pays maigre et sté« rile... » (1).

Le XVIe siècle fut véritablement fatal à Decize. Après le pillage de 1525, la peste de 1529 et l'incendie de 1559, une inondation causa, en 1585, des dégâts considérables dans cette ville et dans ses faubourgs (2). Le matin du 27 septembre, la Loire était si basse qu'on en passait à pied sec le bras droit, qui sépare l'île du faubourg Saint-Privé. A midi, une crue se manifesta tout à coup et ses progrès furent si rapides qu'à minuit les eaux s'élevaient au niveau de l'autel de l'église de Saint-Privé et détruisaient l'escalier du clocher de cette église, tandis que du côté du faubourg de Crotte, elles emportaient le pont et renversaient les maisons qui se trouvaient sur leur passage.

(1) Girerd. — *Decize*. — Pièces justificatives.

(2) On ne peut s'empêcher de remarquer ici la puissante vitalité de Decize. Après avoir été presque entièrement brûlée en 1559, cette ville semble, en effet, avoir repris, dans le court espace de vingt-cinq ans, une grande partie de son ancienne importance. Cela tient évidemment à sa situation exceptionnelle et extrêmement avantageuse.

XII

Au XVIIe siècle, Decize fut le centre d'un gouvernement qui comprenait les châtellenies de Champvert, Charrin, Gannay et Cercy-la-Tour, et, lors des soulèvements de la Fronde, un gouverneur y exerça simultanément l'autorité du roi et celle du duc de Nivernais. (Le comté de Nevers avait été érigé en duché-pairie par François Ier, en 1538; le premier duc fut François de Clèves, fils de Marie d'Albret). Etabli gouverneur par lettres-patentes de Charles II, duc de Nevers et de Mantoue, du 6 novembre 1648, et par lettres-patentes de Louis XIV du 22 décembre suivant, François de Bonnay, sieur de Voumas, tint Decize en état de siège et obligea les habitants à garder nuit et jour les portes et les remparts. De plus, il voulut avoir les clefs de la ville et chercha à s'emparer de l'administration civile. Ces exigences mécontentèrent les échevins, qui adressèrent une plainte au marquis de Saint-André Montbrun, qui était alors gouverneur général de la province. Celui-ci, pour essayer de concilier les parties, décida que les clefs de la ville de Decize resteraient le jour entre les mains des échevins, et que ces derniers les feraient porter chaque soir au château. Mais cette transaction ne calma pas les esprits. Sur ces entrefaites la guerre civile éclata au sujet de l'emprisonnement, dans le donjon de Vincennes, du prince de Condé, du prince de Conty et du duc de Longueville. Les partisans des prisonniers se hâtèrent alors de mettre en révolte la Bourgogne, le Limousin, l'Angoumois et le Périgord. La princesse de Condé s'étant réfugiée dans le château-fort de Montrond, en Berri, Decize, qui pouvait servir de communication entre les pays séparés par la Loire, devint, pour le pouvoir royal, un point important à conserver.

Aussi le roi s'empressa-t-il de confier aux habitants de Decize la garde de leurs remparts. Il écrivit aux échevins, le 28 juin 1650 : « Chers et bien amés, « étant bien averti que ceux qui ont pris les armes, « dans notre royaume, contre notre service et le re- « pos de nos sujets, sous prétexte de la détention de « nos cousins, les princes de Condé et de Conty et « duc de Longueville, ont désiré de s'emparer du « château de Decize, dont la conséquence serait « grande pour notre service et pour la tranquillité pu- « blique, et voulant y pourvoir, nous mandons au sieur « marquis de Saint-André Montbrun, notre lieute- « nant général en Nivernois, de se transporter vite- « ment audit Decize, et d'organiser dans ladite ville « une bonne et suffisante garde des habitants d'icelle, « pour la conserver sous notre obéissance et sous « l'autorité dudit sieur de Saint-André, et, en son « absence, sous celle du gouverneur dudit châ- « teau... » (1). A cet appel, les Decizois renforcèrent leur milice des hommes que devaient fournir les châtellenies de leur dépendance et pourvurent immédiatement à la garde de la ville et du château. Cependant, les querelles entre le gouverneur et les échevins continuant, la régente essaya de les faire cesser et écrivit à ce sujet au marquis de Saint-André Montbrun : « Son Altesse Royale a estimé que rien « ne pouvoit mieux assurer le château de Decize

(1) Girerd. — *Decize.*

« qu'en y faisant entrer des bourgeois pour le gar-« der. Elle désire donc que vous vous transportiez le « plus tôt que vous pourrez en cette ville, et qu'après « avoir rétabli l'intelligence entre le gouverneur et « les habitants, vous fassiez en sorte que ceux-ci « soient employés à la garde du château. » (1). Mais cette médiation fut impuissante ; les échevins reprochaient à François de Bonnay d'avoir vexé les citoyens et d'avoir quitté son poste et introduit dans le château des aventuriers armés qui troublaient le service de la milice bourgeoise. Louis XIV, informé de ces méfaits, écrivit aux échevins de Decize, le 7 février 1652 : « Chers et bien amés, les avis que « vous nous avez ci-devant donnés de la mauvaise « conduite du sieur de Voumas, gouverneur du château de Decize, et ceux que nous avons reçus « d'ailleurs, nous donnant sujet de ne prendre point « de confiance en son affection et fidélité à notre ser-« vice, nous vous avons voulu faire cette lettre par « laquelle nous vous mandons et ordonnons que in-« continent que vous l'aurez reçue, vous ayiez à mettre « hors dudit château ledit sieur de Voumas, ensemble « la garnison qu'il a établie, à faire bonne garde tant « en icelui qu'en notre bonne ville de Decize pour la « maintenir et conserver en notre obéissance, et à « favoriser entièrement l'exécution de l'ordre que « nous avons donné à....., commissaire de notre ar-« tillerie, pour se charger par bon et fidel inventaire « de toutes les pièces de canon, poudre, armes, bou-« lets et autres munitions qui se trouvent dans ledit « château. Ce que nous promettant que vous accom-

(1) Girerd. — *Decize*.

« plirez soigneusement, ainsi qu'il est de notre inten-
« tion, nous ne vous en ferons plus exprès comman-
« dement. » (1).

Bussy-Rabutin, qui, après avoir servi la cause des princes, s'était rallié à celle de la cour, devint, à cette époque, gouverneur du Nivernais et du Donziais. Pour faire le siège de Montrond, il enleva du château de Decize une partie de son artillerie et de ses munitions. Ce fait est consigné dans les Mémoires de Bussy-Rabutin : « Le même jour (9 mars 1652), « je fis faire l'appréciation devant moi, par les offi- « ciers du conseil du duc de Mantoue, et par un « commissaire de l'artillerie de la part du roi, de six « canons de batterie, de trente livres de balles, de « cinq cents boulets de calibre et de seize emboîtures « de fonte, de toutes lesquelles choses le roi avoit « besoin pour le siége de Montrond, et qu'il prenoit « dans le château de Decize. Cet équipage fut estimé « cinquante-cinq mille sept cent quarante livres, qui « furent déduites sur les neuf cent mille livres que « le roi avoit données en l'acquit du duc de Man- « toue, pour partie de la dot adjugée à la princesse « Marie de Gonzague, reine de Pologne. »

Au moment où le prince de Condé, victorieux, entrait dans Paris, Bussy Rabutin adressait aux Decizois une proclamation dans laquelle il reprochait une certaine tiédeur à quelques habitants « qui ne se « portent pas, comme ils avoient accoutumé, de cœur « et de courage, à témoigner leur affection à la con- « servation de la ville, pour le service du roi, prati- « quant même des entrevues et conférences sus-

(1) Girerd. — *Decize*. — Pièces justificatives.

« pectes »; il terminait en ordonnant aux échevins d'observer les Decizois, de les obliger à satisfaire aux gardes le jour et la nuit et de chasser de la ville ceux « qui donneraient sujet de douter de leur fidélité « pour le service du roi. » (18 avril 1652).

XIII

Le cardinal de Mazarin ayant acheté le duché de Nivernais en 1659, vint à Decize le 27 janvier 1660. On lui fit une réception magnifique : la ville fut illuminée, on tira des boîtes, des fusées, et on offrit au célèbre cardinal du vin de Crotte de 8 sols la bouteille.

L'année suivante, Mazarin abandonna le duché de Nivernais à son neveu, Jules-Philippe Mazarini Mancini, qui épousa, en 1670, Louise-Magdeleine de Damas, fille du marquis de Thianges.

Le 24 juin 1674, les habitants de Decize firent un feu de joie à l'occasion de la reddition des places de Besançon et Salin, et, le 4 octobre suivant, ils célébrèrent la victoire remportée près de Strasbourg par le vicomte de Turenne sur les Impériaux.

Par une ordonnance du 17 décembre 1676, le roi supprima une partie des échevins de Decize ; il n'en laissa que deux, qui étaient élus alternativement d'année en année et qui, avec le procureur du droit commun, géraient les affaires de la ville ; puis, il essaya de supprimer les élections, pour nommer lui-même les échevins et les autres officiers. Mais cette usurpation mécontenta les habitants de Decize qui, en plusieurs occasions, résistèrent assez vivement.

En 1692, un édit royal ayant établi dans certaines villes du royaume des maires et des assesseurs, avec charge des fabriques paroissiales, Jean-Baptiste Langlois, sieur de la Prévostière, fut nommé maire de Decize. Mais les échevins ne voulurent pas reconnaître de maire, les prêtres ne lui offrirent pas l'eau bénite et plusieurs habitants l'insultèrent. M. de la Prévostière fut obligé de se plaindre à l'intendant de Moulins du mauvais vouloir et des insultes des Decizois.

Les édits de mai 1761 et de novembre 1771 ayant érigé les charges municipales en offices rachetables, la ville de Decize profita de l'offre qu'on lui fit de réunir les charges municipales, celle de maire, celles des deux échevins, de deux assesseurs, d'un procureur du roi, d'un greffier, d'un receveur et d'un contrôleur, le tout moyennant une finance de dix mille livres. (Délibération du 5 juillet 1772).

Avant ce changement, les échevins jouissaient d'un certain nombre de privilèges. Tous les trois ans, ils procédaient à l'élection du receveur de l'hôpital et d'un député des marchands trafiquant sur la Loire. Ils présidaient chaque année au tir de l'oiseau et recevaient des tireurs le serment qu'ils ne mettraient qu'une balle dans leur fusil. Le vainqueur de cet exercice était proclamé roi de l'oiseau et était exempt de tailles tant qu'il conservait la royauté. L'année suivante, il se présentait le premier au tir, suivi de ses mignons et de l'enseigne de la compagnie.

XIV

Dans le cours du XVIIIe siècle, l'état des finances de la ville de Decize lui permit de faire reconstruire ses ponts. Le pont de Crotte, emporté en 1585, ne fut rétabli qu'en 1716 ; emporté de nouveau en 1790, il fut remplacé par un pont de bois ayant treize travées. Celui-ci, démoli en 1804 par des trains de bois, fut remplacé en 1831 par le joli pont suspendu actuel. Le grand pont de Loire, édifié primitivement moitié en bois, moitié en pierre, fut reconstruit en 1775 et la première pierre fut posée par l'intendant de la généralité de Moulins.

Ce fut également dans le siècle dernier que la ville de Decize fit planter la belle promenade des Halles et qu'elle pourvut aux besoins sanitaires de sa population, en faisant venir un médecin et un chirurgien, dotés chacun d'un traitement de 600 livres, et en établissant deux sœurs grises pour la distribution des remèdes aux indigents. En outre, la ville accorda un subside annuel de 300 livres au couvent de Sainte-Claire et put prêter à la ville de Nevers, pour la construction de son ancienne caserne, une somme de 84,000 livres qui, paraît-il, n'a jamais été rendue.

En 1789, les habitants de Decize adressèrent à l'Assemblée nationale la pétition suivante, pour demander que leur ville, ancien siège d'une subdélégation de l'intendance, devînt le chef-lieu d'un district administratif et siège de justice :

« Placée dans une île de la Loire, disaient-ils, à « une distance à peu près égale de sept différentes « villes qui l'environnent, Decize en est, par sa si-

« tuation, le centre commun. Ces villes sont Nevers,
« Saint-Pierre-le-Moûtier, Moulins, Bourbon-Lancy,
« Luzy, Moulins-Engilbert et Saint-Saulge; et, à l'ex-
« ception des deux capitales, Nevers et Moulins, elle
« est bien supérieure, par son étendue, à chacune
« de ces villes. Le territoire auquel elle communique,
« à droite et à gauche, par ses ponts, est peuplé,
« dans la distance de quatre lieues, de plus de cin-
« quante paroisses ayant chacune une collecte sépa-
« rée, et devant avoir par conséquent chacune une
« municipalité.

« Ces paroisses font la cinquième portion du dio-
« cèse de Nevers, et leurs habitants n'ont pas d'autres
« marchés que ceux de cette ville.

« Aux avantages de cette position, peut-être unique,
« si l'on ajoute que le territoire de Decize renferme
« trois fourneaux pour la fonte, treize forges, plu-
« sieurs carrières de plâtre, deux mines de sablon
« pour le blanc des faïences, des mines immenses de
« charbon de terre, deux manufactures de verre ; si
« l'on considère que, outre le commerce de toutes
« ces usines et celui des bois et bestiaux, commun à
« tout le Nivernais, Decize est un entrepôt des vins
« du Beaujolais et du Mâconnais, et que ses ponts
« sont la seule communication facile depuis Roanne
« jusqu'à Nevers, que ses routes sont ouvertes et se
« continuent du côté de Nevers, du côté d'Autun par
« Luzy, du côté de Moulins et de Bourbon, qu'enfin
« elle peut devenir un des passages les plus impor-
« tants, puisqu'au moyen de la confection de douze
« ou treize lieues de chemin, à partir du lieu des
« Arraux jusqu'à la ville de Lormes, par Moulins-

« Engilbert, il se trouverait une grande route depuis « Strasbourg jusqu'à l'autre extrémité du royaume, « on conviendra, sans peine, qu'il est peu de villes « dans le Nivernais qui puissent lui être comparées, « et qui méritent à plus de titres les regards de l'ad- « ministration. » (1).

L'Assemblée nationale accueillit favorablement cette demande, et Decize fut l'un des neuf districts de la Nièvre. Ce district était composé de six cantons : Decize, Béard, Anlezy, Cercy-la-Tour, La Nocle et Lucenay-les-Aix.

Depuis la suppression des districts, Decize est le chef-lieu d'un des plus grands, des plus riches et des plus charmants cantons de notre beau département.

XV

Decize est la patrie de plusieurs personnages célèbres.

En première ligne, il convient de citer le jurisconsulte Guy Coquille, sieur de Romenay, dont on voit une belle statue en bronze dans la tour de l'horloge de Decize. Ce grand homme naquit dans cette ville le 11 novembre 1523, de Guillaume Coquille, l'un des échevins qui parlementèrent avec le comte de Bellejoyeuse, et de Jeanne Bourgoing, fille du lieutenant-général au bailliage de Saint-Pierre-le-Moûtier.

(1) Girerd. — *Decize.*

Après avoir fait de brillantes études au collège de Navarre, à Paris, où il resta six ans, Guy Coquille se rendit à Pavie, pour étudier le droit dans sa célèbre université. Il y demeura cinq ans. Après la mort de son père, qui lui laissa des affaires embrouillées, il passa quelques années à Paris pour les liquider, puis il revint à Decize.

En 1559, après l'incendie qui détruisit presque entièrement sa ville natale, Guy Coquille se transporta à Nevers et s'y installa comme avocat. C'est de ce temps qu'il commence à marquer dans les fonctions publiques. Il fut d'abord élu député du tiers-état du Nivernais aux Etats d'Orléans, en 1560. Le duc de Nevers, François II de Clèves, qui avait en lui une grande confiance, l'envoya en Allemagne, en 1562, pour régler ses affaires avec son frère, le duc Jacques de Clèves. Il remplit cette mission avec succès. Ses nouveaux concitoyens, le prisant comme homme de bon conseil, l'élurent échevin de la ville, en 1568, et il occupa ce poste pendant deux années. Bientôt après, en 1571, Ludovic de Gonzague, devenu duc de Nevers par son mariage avec Henriette de Clèves, nomma Guy Coquille procureur général du Nivernais et du Donziais, place importante où il montra toute sa capacité.

Nommé député aux Etats de Blois en 1575, Guy Coquille s'y distingua, dit un historien, par un esprit droit et lumineux et par une science profonde du droit; il était de cette race de parlementaires qui soutinrent les droits de la couronne envers et contre tous, et qui firent plus pour sa prépondérance que les plus grandes batailles. Les seconds Etats de Blois, tenus en 1588, le virent de nouveau au premier rang. Il y fut un des commissaires chargés de recevoir les articles du tiers-état.

Au retour de ces grandes missions, Guy Coquille reprenait son rôle modeste d'avocat ; mais sa plume ne restait pas oisive : il avait de grandes relations avec les savants français et étrangers. Les événements de la fin du XVIe siècle l'occupèrent vivement. Les questions des libertés gallicanes trouvèrent en lui un chaud défenseur ; il composa un traité sur la matière qui fut publié en 1594. L'amélioration du sort du peuple, les causes des misères de la France furent le motif de bien des brochures où respirent les meilleurs sentiments. Mais ses œuvres principales, et qui seront toujours recherchées, sont les *Commentaires sur les coutumes du pays et duché de Nivernois* et *l'Histoire des pays et duché de Nivernois.*

Guy Coquille mourut à Nevers le 11 mars 1603, à l'âge de 80 ans. Il fut inhumé dans l'église de Saint-Pierre, aujourd'hui détruite, et sur sa tombe on mit cette simple épitaphe : *Cy gist noble homme et sage maistre, Guy Coquille, seigneur de Romenay et Beaudéduit, procureur général de Nivernois et de Donziois. Requiescat in pace !*

A Decize naquirent aussi Robert, évêque de Châlons-sur-Marne, et l'abbé de Radonvilliers, littérateur distingué, qui fut précepteur des enfants de France et membre de l'Académie française (1709-1789).

On sait que Decize est aussi la patrie du célèbre conventionnel Saint-Just, qui, à l'encontre de son compatriote Guy Coquille, employa les grands talents dont il était doué au renversement de la monarchie et contribua beaucoup à la condamnation de Louis XVI. Voici la copie de l'acte de baptême de Saint-Just :

« Le vingt-cinquième août mil sept cent soixante-
« sept, baptisé Louis-Antoine, né cejourd'hui, fils
« légitime de messire Louis-Jean de Saint-Just de
« Richebourg, chevalier de l'ordre royal et militaire
« de Saint-Louis, capitaine de cavalerie, ancien ma-
« réchal des logis de gendarmerie, compagnie d'or-
« donnance de Monseigneur le duc de Berry; et de
« dame Jeanne-Marie Robinot. Son parrain a été
« Jean-Antoine Robinot, curé de Verneuil, et sa mar-
« raine dame Françoise Ravard, qui ont signé avec
« nous.

« Signé : SAINT-JUST DE RICHEBOURG, ancien maréchal des logis des gendarmes d'Orléans;

« RAVART;

« ROBINOT, curé de Verneuil. »

Voici maintenant le portrait que l'historien Mignet nous a laissé de Saint-Just :

« Il avait un visage régulier à grands traits, d'une
« expression forte et mélancolique ; un œil pénétrant
« et fixe ; des cheveux noirs, plats et longs. Ses ma-
« nières étaient frivoles, quoique son âme fût ar-
« dente... Simple dans ses habitudes, austère, sen-
« tencieux, il marchait sans hésitation à l'accomplis-
« sement de ce qu'il avait une fois résolu. A peine
« âgé de vingt-cinq ans, il se montrait le plus hardi
« des décemvirs, parce qu'il était le plus convaincu
« d'entre eux. Passionné pour la république, il était

« infatigable dans les comités, intrépide dans les « missions aux armées où il donnait l'exemple du « courage, partageant les marches et les périls du « soldat. Sa prédilection pour la multitude ne le por- « tait pas à courtiser ses penchants, et, loin de « prendre son costume et son langage comme Hé- « bert, il voulait lui donner de l'aisance, du sérieux, « de la dignité. Il avait beaucoup de sang-froid, d'à- « propos et de fermeté. Peu capable de pitié, il indi- « quait les mesures de salut public en formules et « mettait de suite les formules à exécution. La vic- « toire, la proscription, la dictature lui paraissaient- « elles nécessaires, il les demandait aussitôt. A la « différence de Robespierre, il était un véritable « homme d'action. Celui-ci comprenant tout le parti « qu'il pouvait tirer de lui, se l'était attaché de bonne « heure dans la Convention ; Saint-Just, de son côté, « avait été porté vers Robespierre par la réputation « d'incorruptibilité de ce dernier, par sa vie aus- « tère, etc. »

Decize a également vu naître deux célébrités contemporaines, deux frères, dont l'un s'est illustré dans les lettres et l'autre dans les arts. Je veux parler de MM. Alfred et Hector Hanoteau.

M. Alfred Hanoteau, qui fut un des plus brillants élèves de l'école polytechnique, entra dans le génie et fut envoyé en Algérie. Il y fit des études approfondies sur la langue et la poésie chaude et colorée des Arabes, et il devint bientôt chef du bureau arabe de Médéah. Ses travaux littéraires personnels et ceux qu'il fit en collaboration avec Letourneux furent très remarqués et le firent nommer correspondant de l'Institut. M. Alfred Hanoteau est devenu général et il est depuis longtemps commandeur de la Légion d'honneur.

M. Hector Hanoteau n'eut pas le même goût que son frère pour l'étude des lettres et des sciences, mais il montra de bonne heure des dispositions extraordinaires pour le dessin. A sa sortie du collège, il partit pour Paris, afin d'y étudier la peinture. Il entra dans l'atelier de Renou et y resta quatre ans. Mais le genre de peinture de cet artiste ne convenait pas à M. Hanoteau, qui quitta l'atelier de Renou pour entrer dans celui de Gigoux, l'auteur du beau portrait de Fourier que l'on admire au musée du Luxembourg. Le jeune artiste comprit parfaitement les théories de son nouveau professeur et fit des progrès si rapides qu'après quelques années d'étude il présenta au salon un paysage qui fut reçu. Alors M. Hanoteau revint dans le Nivernais et s'installa dans sa belle propriété de Briet, située à cinq kilomètres au sud de Cercy-la-Tour. Il envoya des paysages aux six salons qui suivirent celui où il fut reçu pour la première fois, puis il alla rejoindre son frère en Algérie. Il en revint chargé de croquis et d'études. Depuis il n'a pas quitté son cher pays de Briet et il a pris part à tous les salons. Les principales œuvres de M. Hanoteau sont :

Etang dans le Nivernais (acheté par le roi de Portugal) ;

Matinée sur les bords de la Canne (achetée pour la loterie des artistes);

La Nourrice du Pauvre (Musée de Nevers);

Chevaux libres dans les bois du Nivernais (galerie de M. de Lagarde) ;

Le Paradis des oies (Musée de Marseille) ;

La Hutte abandonnée (achetée par le roi des Belges) ;

Le Lièvre aux écoutes (acheté par M. Jules Favre) ;

Le Garde-manger des renardeaux ;

Les Roseaux ;

La Passée du grand gibier ;

Le Chèvrefeuille ;

L'Eau dormante ;

L'Etang boisé.

Tous ces paysages sont des œuvres de grand mérite qui ont valu à M. Hanoteau quatre médailles et cinq mentions et l'ont placé au premier rang des paysagistes français ; mais ses chefs-d'œuvre sont *La Mare du Village* et *Les Grenouilles*. Ces deux toiles admirables ont été achetées par l'Etat et placées au musée du Luxembourg, qui ne renferme que des tableaux destinés à passer plus tard au musée du Louvre,

M. Hector Hanoteau, né le 25 mai 1823 et décédé le 7 avril 1890, était chevalier de la Légion d'honneur, membre de la Société des Artistes français et, depuis plusieurs années, membre du jury du Salon.

Son magnifique atelier de Briet, où j'ai été admis à prendre des leçons, était fréquenté par des jeunes peintres de toutes les nations.

En outre des célébrités dont je viens de parler, Decize a produit un assez grand nombre d'hommes remarquables à divers titres. Parmi les contemporains, il convient de citer :

M. Lebas, qui fut député de la Nièvre à l'Assemblée nationale de 1871, après avoir été avocat distingué à Nevers ; M. le général Robinot de Marcy, mort depuis quelque temps ; M. le général Chanteclair, encore sous les drapeaux ; enfin, MM. Decray et Dezautière, qui, unis pendant plus de quarante ans par les liens d'une étroite amitié (1), passèrent leur longue et laborieuse existence au milieu de leurs concitoyens.

M. Jean-Charles Decray appartenait à l'une des plus anciennes familles de Decize. Les archives de la Nièvre permettent de suivre la filiation des Decray pendant cinq cents ans. Dès les premières années du XIVe siècle, leur nom est connu dans la châtellenie de Decize. En 1322 on y trouve, en effet, Guillaume, fils d'Archambault de Crais, qui, d'après les données les plus probables, serait un ancêtre de Jehan de Crey, marié en 1390 à Margot de Marrigny, à partir duquel la filiation n'offre plus aucune incertitude et se poursuit régulièrement jusqu'à nos jours. Pendant le cours du XVe siècle, le nom s'écrit de Crey, de Cray. La forme Decray a prévalu de bonne heure ; elle était définitivement fixée au moment où commencent les registres paroissiaux de Decize, qui ne contiennent pas moins de deux cent quatorze actes concernant la famille Decray. Un membre de cette famille, Jehan Decray, était procureur fiscal de la ville de De-

(1) Je tiens ce détail de M. Dezautière fils, médecin des mines de La Machine et auteur de plusieurs ouvrages couronnés par l'Académie de médecine.

cize à la fin du XVIe siècle. Cette charge était encore en 1790 entre les mains de Me Guillaume Decray, avocat en Parlement et procureur fiscal des ville et châtellenie de Decize. Puis, une longue dynastie de notaires se perpétua de père en fils, fidèles au prénom Edmond que l'on trouve en tête des registres paroissiaux de Decize, à la date du 19 juillet 1527 : *Auctoritate domini officialis nivernensis, excomunicatus est Petrus de Vero ad requestam Edmondi Decray et pro re cognita.* (Extrait d'une notice sur la famille Decray.)

M. Jean-Charles Decray, né à Decize en 1814, prit l'étude de ses ancêtres et fut le neuvième notaire de ce nom. Il devint, étant fort jeune, maire de la ville de Decize. Nommé conseiller général en 1852, il occupa dignement ce poste, presque sans interruption, jusqu'à sa mort, arrivée le 19 avril 1889. M. Decray avait été nommé sénateur le 8 janvier 1888. Il était depuis longtemps chevalier de la Légion d'honneur.

M. Jean-Baptiste Dezautière naquit à Decize le 4 novembre 1817 et y mourut le 25 novembre 1888. D'une famille habitant cette ville depuis plus de deux cents ans, il fit ses premières études au collège de Moulins et obtint facilement ses deux diplômes de bachelier ès-lettres et ès-sciences. Ces dernières l'attiraient plus spécialement, et il entrevoyait la possibilité d'entrer à l'Ecole polytechnique lorsque, suivant les conseils et les inspirations du docteur Bernard, chirurgien justement apprécié dans le département de l'Allier, il commença ses études de médecine auprès de lui et prit son grade de docteur en 1843, après avoir été un élève assidu de Chomel et de Rostan. C'est alors qu'il s'établit dans sa ville natale, qui fut longtemps témoin de son dévouement et de sa charité : « Se dévouer au soulagement des pauvres, « c'est ce que doivent faire tous les médecins » disait simplement ce grand praticien, que ses compatriotes avaient, avec raison, surnommé le « Père des pauvres ».

Le docteur Jean-Baptiste Dezautière a donné plusieurs mémoires à l'Académie de médecine et à l'Académie des sciences. Après une étude *sur les battements normaux du cœur*, il fit paraître de savants travaux : *sur la formation de la grêle ; sur la constitution du sol des environs de Decize ; sur le bassin houiller de Decize*, etc. Il collabora aussi à la carte géologique du département de la Nièvre et devint membre de la Société géologique de France. (Extrait du discours prononcé par M. le docteur Subert, à l'assemblée générale des Médecins de la Nièvre, tenue à l'hôtel de ville de Nevers, le 15 juin 1889.)

SAINT-LÉGER-DES-VIGNES

En face de Decize s'étend, sur la rive droite de la Loire, le bourg de Saint-Léger-des-Vignes, appelé aussi La Charbonnière, à cause des dépôts de charbon de terre qui existaient autrefois en cet endroit, lorsqu'on embarquait la houille de La Machine sur la Loire.

Saint-Léger possède quelques vignobles, des plâtrières importantes et d'anciennes verreries bien installées.

CHAMPVERT

A une lieue au nord-est de la ville de Decize, on trouve, dans une riante vallée, au pied d'une côte boisée et au bord du canal du Nivernais, le joli bourg de Champvert.

Sous la féodalité, ce pays était une des trente-deux châtellenies du Nivernais.

L'église, de style roman, est située dans une enceinte qui était autrefois fortifiée.

Le comte Robert, duc de Bourgogne, affranchit les habitants de Champvert en 1273.

Il existe, dans un champ situé à l'ouest de l'église de Champvert, les ruines d'une construction romaine qui devait avoir une certaine importance. Ces ruines, cachées aujourd'hui par la terre et par les ronces, sont très intéressantes. Indépendamment de fragments de tuiles et de poteries qui caractérisent nettement la période gallo-romaine, on trouve, en fouillant la terre, des morceaux de marbre rouge, vert, jaune, blanc et noir, dont l'assemblage formait de superbes mosaïques que l'on retrouve encore en place.

La présence de ces intéressants débris peut faire supposer que cette construction romaine était un palais ou un temple païen. On ne peut penser, en effet, que les Romains aient apporté de très loin des marbres de toutes nuances et qu'ils les aient taillés et disposés avec autant de symétrie pour orner une maison ordinaire.

On voit également à Champvert les vestiges de

la voie romaine qui allait d'Autun à Decize et à Bourges.

Qui sait si le petit bourg de Champvert n'occupe pas l'emplacement d'une belle cité romaine ?

DRUY

A deux lieues environ au nord-ouest de Decize, on voit, près des bois et de la Loire, le bourg de Druy.

Ce petit pays, qui n'a plus aujourd'hui aucune importance, était, au moyen âge, le siège de la première baronnie de l'évêché de Nevers, baronnie qui comprenait huit paroisses : Druy, Marnay, Béard, Saint-Ouën, Sougy, Parigny-sur-Sardolles, Varennes et Moustier-en-Glénon, et qui tenait en sa protection et garde cinq prieurés dotés par elle : Varennes, Saint-Ouën, Moustier, Béard et Apilly.

Le nom de Druy vient probablement du mot druides, et cela indiquerait, suivant l'opinion de Guy Coquille, que les prêtres gaulois avaient un collège dans ce pays. Voici, du reste, ce qu'en dit cet auteur dans son *Histoire du pays et duché de Nivernois* :

« .... Aussi se void en Nivernois la terre de Druy
« représentant par son nom ce qui est de l'antiquité
« des Druides anciens Sacerdotes des Gaullois, et
« en la contrée de Donziois la ville de Dreue près de
« laquelle, et au pied du chasteau est la source d'une
» autant belle et ample fontaine qu'on puisse veoir,

« qui à la prochaine issue de son bassin faict tourner « deux rouës de moulin, tant l'eau y est abondante « et vive. Et au plus près de l'un et de l'autre lieu « mesmes auprès de Druy, sont beaux boys en pays « plat et sec qui représentent ceste antiquité des sa- « crificateurs Ethniques, car près les Temples de « leurs Dieux estoient belles souches de boys, qu'ils « appelloient en latin *Luci*... »

Le château de Druy était autrefois l'une des principales forteresses du Nivernois. Ce qu'il en reste aujourd'hui ne donnerait qu'une idée bien incomplète de son importance. Le terrier de la baronnie de Druy le décrit ainsi :

« Le chasteau de Druy, ainsi nommé des anciens « Druides, est de toute ancienneté de grande marque, « une des principales forteresses du pays, grand et « ample, clos d'une forte ceinture d'espaisses mu- « railles faictes en façon de murs d'une ville, flan- « quées de plusieurs grosses tours et garnies de pro- « fonds et larges fossez, portail et pont-levis avec « droict de guet et garde. Dedans la cour de cest « chasteau, il y a de toute ancienneté et de temps « immémorial une chapelle somptueusement bastie, « fondée et dotée de revenus pour l'entretènement « du chapelain. Et estoit le territoire de ladicte ba- « ronnie si grand et ample qu'on ne le pouvoit cir- « cuire en un jour. »

La justice y était rendue au nom du baron par cinq prévôtés qui relevaient du bailliage de Druy ; ce dernier ressortissait lui-même au bailliage de Saint-Pierre-le-Moûtier. Un bailli, un lieutenant général, un lieutenant et un procureur fiscal, assistés d'un greffier, tenaient successivement leurs Assises ou Grands-Jours dans les prévôtés ; un prévôt et des sergents assuraient la police et l'exécution des sentences, et quatre piliers, élevés dans le champ de la justice, symbolisaient d'une manière formidable l'autorité souveraine du baron. Cette seigneurie nommait ses notaires ou tabellions, et les actes scellés du sceau du bailliage de Nevers étaient sans force sur la terre baronniale, à moins que le bailli de Druy n'en eût permis l'exécution. Enfin, au nombre des droits utiles ou honorifiques dont l'énumération remplissait son terrier, on remarque des droits fort étendus d'îles naissant et mouvant, de port, de bac et de pêche sur la rivière de Loire, dans les limites de la baronnie ; — le droit de salage qui était tel que, sur chacun regrattier vendant le sel en détail en la ville et faubourg de Decize, le baron de Druy ou ses commis avaient droit de prendre, de deux lundis l'un, « autant de sel qu'il en peut tenir sur les trois pre- « miers doigts de la main », ou, chaque lundi, « ce « qu'il en peut tenir sur les deux premiers » ; — le droit de hallage, mesurage, etc., dans les quatre foires de la seigneurie ; — le droit de servitude personnelle sur les hommes et femmes, serfs taillables, questables, corvéables, mainmortables et poursuivables de ladicte baronnie, et les corvées, tant à bœufs qu'à bras, dues par les sujets de la baronnie anciennement affranchis.

Le château de Druy eut des destinées fort agitées. Brûlé en 1356 par les Anglais, il fut reconstruit et fortifié en 1388 par Bureau de la Rivière. Incendié une seconde fois sous Charles VII, il perdit ses archives et ne fut rebâti qu'en 1463, par Jean d'Estampes. Sept ans après, le château de Druy offrit un asile à quatre-vingts gentilshommes du pays qui s'y renfermèrent pour échapper aux poursuites des Bourguignons.

Le sire de Druy était l'un des quatre barons qui portaient, sur leurs épaules, l'évêque de Nevers, du couvent de Saint-Martin à l'église Saint-Cyr, le jour de son intronisation solennelle. Le dernier et le plus célèbre des barons de Druy qui remplit cet office fut Simon Marion, que Guy Coquille proclame « le pre-
« mier entre les advocats de bon sens, grande science
« et excellente éloquence. » Successivement avocat-général et président au parlement de Paris, « il en
« estoit une estoile reluisante », et, suivant ses contemporains, l'éloquence française s'éteignit avec lui. Adam Billaut, dans son *Vilebrequin*, célèbre ainsi les vertus du baron Simon Marion :

« Sa pure intégrité, sa constance et sa foy,
« Son zèle comparable à celui de son roy,
« Et tant d'illustres faits qui nous servent d'exemples
« Ont rempli l'univers de son nom glorieux ;
« Aymant mieux dans les cœurs s'être élevé des temples
« Que d'avoir de ses tours avoisiné les cieux. »

Cependant, le fait suivant prouve que ce célèbre baron exerçait avec rigueur son droit de suzeraineté sur les fiefs de sa mouvance :

« Pierre de Roffignac, écuyer, seigneur de Meance,
« ayant différé de prêter foi et hommage au baron de
« Druy, pour sa seigneurie de Bouy, qu'il possédait
« en la paroisse de Saint-Ouën, le baron, jaloux de
« ses droits, fit procéder à la saisie féodale de cette
« terre, ce qui lui en donnait les revenus et les fruits.

« En vain le seigneur vassal fit-il donation de la « terre de Bouy à son fils, pour se soustraire à l'hu- « miliation de l'hommage exigé ; en vain François « de Roffignac fils vint-il abaisser l'orgueil de sa fa- « mille devant le manoir du suzerain. Un procès- « verbal du 12 juillet 1588 constate, en effet, qu'il se « présenta en personne devant la porte principale du « lieu seigneurial et chastel de Druy, et qu'ayant un « genouil en terre, l'épée et les éperons ôtés, il re- « connut publiquement, en présence du procureur du « baron, qu'il étoit homme et vassal dudit seigneur « baron de Druy, à cause de la terre et seigneurie « de Bouy, mouvante en fief de ladite baronnie ; et « comme tel, qu'il faisoit la foi et hommage, jurant « et promettant fidélité audit seigneur baron de « Druy, selon qu'un bon vassal doit à son seigneur « féodal. Ce procès-verbal constate encore que Fran- « çois de Roffignac, après avoir demandé la main- « levée de la saisie féodale pratiquée sur la terre de « Bouy, qui, depuis trois cent cinquante ans, appar- « tenait à sa famille, se leva sur ses pieds et baisa « la serrure et le verrou de la porte, en signe d'hom- « mage. Mais le baron de Druy affecta de considérer « comme non-avenue cette soumission faite en son « absence, et il annonça, par des affiches placardées « aux portes des églises de sa seigneurie, qu'il tien- « drait ses hommages en personne, dans son château « de Druy, le 12 septembre suivant. Il fallut que le « seigneur François de Roffignac revînt et renouve- « lât, en présence de l'avocat Simon Marion, la céré- « monie qu'il avait déjà faite en présence de son « procureur. Ce ne fut point encore assez : Simon

« Marion laissa son vassal s'agenouiller devant lui et
« baiser le verrou de sa porte ; puis il déclara ne pas
« reconnaître la donation, en vertu de laquelle celui-ci
« offrait un hommage refusé par son père. Une
« transaction du 4 octobre 1597 mit fin à cet étrange
« débat. » (Girerd. — *Decize*).

Ce fut dans les bois de Druy que l'on découvrit, vers 1580, les premières minières de charbon de terre du Nivernais ; elles furent exploitées pour le compte du baron qui, suivant un rapport de 1715, pouvait en retirer un revenu net de 40.000 livres. Un puits d'extraction était encore ouvert à Trois-Vèvres en 1780. Mais à cette époque, le seigneur du fief des Ecots obtint la concession d'un privilège pour l'exploitation de tout le territoire compris entre Beaumont-sur-Sardolles, Ville-les-Anlezy, Champvert et Sougy.

LA MACHINE

Le siège de l'exploitation des houillères de la Nièvre est maintenant à La Machine.

Ce curieux pays, actuellement très important et dont la population égale celle de Decize (5.000 habitants) est situé à deux lieues au nord de cette ville, au milieu des bois. Sa surface est très étendue et très accidentée. Il se compose d'un noyau central, formant le bourg, bâti de chaque côté de la route départementale de Clamecy à Moulins-sur Allier, de plusieurs faubourgs, dont les plus populeux sont ceux de la Chaume et des Baraques, et de trois cités ouvrières : la cité Sainte-Marie, la cité de la Villedieu et la cité Sainte-Eudoxie. Cette dernière, construite sur un plateau, à deux kilomètres au nord-ouest du bourg de La Machine, offre un aspect vraiment pittoresque. Elle est composée de 90 maisons absolument semblables qui portent chacune un numéro, et elle est divisée en avenues et en rues également numérotées. Chaque ouvrier a un petit jardin attenant à son logement dans lequel règne la plus grande propreté, contrairement à ce qui a lieu dans la plupart des houillères.

La Machine n'a été érigée en paroisse qu'en 1786. A cette époque, le bourg n'existait pas, et ce pays ne se composait que de quelques maisons de chaume et de quelques baraques qui ont donné leurs noms aux deux faubourgs dont j'ai parlé.

La concession des mines de La Machine a passé entre bien des mains. Elle appartient, depuis 1869, à la Société Schneider et Cie, qui est propriétaire des usines du Creusot, les plus vastes de l'Europe et dont le gérant est M. Henri Schneider, fils de l'illustre président du Corps législatif sous l'Empire.

Cette riche et puissante Société a transformé complètement La Machine. Elle a commencé par préserver ce pays de la misère en 1870, au moment de nos désastres, en faisant continuer l'extraction, malgré le manque de vente des charbons. Immédiatement après la guerre, la Société Schneider et Cie fit faire la magnifique installation du puits des Zagots ; puis elle fit construire de vastes écoles et une jolie mairie, en même temps qu'elle faisait percer un tunnel et qu'elle établissait un chemin de fer pour le transport direct des charbons au port d'embarquement, situé à La Copine, entre Decize et Champvert. Elle fit bâtir également deux cités ouvrières et fit exécuter de grands travaux pour amener, au moyen de tuyaux, l'eau de la Loire à La Machine, où il n'y a ni fleuve, ni rivière, ni canal. Enfin cette Société a fait installer au lieu dit le Pré-Charpin, situé à deux kilomètres au sud-est de La Machine, de vastes et superbes ateliers pour le criblage et le lavage de la houille. L'atelier de criblage, qui occupe une centaine de jeunes filles, offre un aspect singulier, surtout en hiver, au moment où il est éclairé par la lumière électrique.

Ces nombreuses installations et constructions, qui toutes ont été faites sous l'habile direction de M. Busquet, et qui ont coûté plusieurs millions, ont donné à La Machine une grande prospérité et ont fait de ce pays l'une des principales houillères de France.

Mais la Société Schneider ne s'est pas contentée de procurer à ses nombreux ouvriers et employés tout le bien-être possible dans le présent, elle a voulu aussi assurer leur avenir. A cet effet elle verse, depuis l'année 1877, au nom de chacun de ses ouvriers et employés, des sommes importantes à la Caisse des retraites. Ces versements produiront, plus tard, des rentes au personnel de cette grande et généreuse administration.

La Machine doit son nom aux instruments qui furent employés à l'extraction de la houille, très abondante dans son territoire. On ne se mit à extraire ces mines qu'après la découverte de celles de Druy, il y a environ 300 ans. Les nombreuses excavations que l'on rencontre dans les forêts de La Machine démontrent qu'au début on y a extrait le charbon à ciel ouvert, aux affleurements des couches. Ensuite, on creusa des puits peu profonds, assez semblables aux puits à eau, et on en sortit la houille à l'aide de paniers et de tonneaux. Plus tard, on donna aux puits une plus grande profondeur et on y installa des manèges que l'on fit tourner par des chevaux. Enfin, lorsque l'extraction eut acquis une certaine importance, on installa sur les puits des machines à vapeur.

Aujourd'hui l'extraction de la houille se fait, à La Machine, par des puits très profonds (300 à 500 mètres), dont l'orifice est un quadrilatère divisé en deux compartiments. Chaque puits est guidé, c'est-à-dire garni sur toute sa longueur de pièces de charpente assurant le fonctionnement régulier des deux cages d'extraction. Celles-ci sont suspendues dans chaque compartiment du puits par des câbles plats en aloès qui s'enroulent sur des bobines mues par une machine à vapeur.

Si vous le voulez bien, cher lecteur, entrons dans l'une de ces cages et descendons dans la mine, au fond de laquelle nous allons faire une intéressante exploration.

— Mais, direz-vous, n'y a-t-il aucun danger ? Qu'arriverait-il si le câble venait à se rompre ?

— Il arriverait que la cage resterait suspendue dans le puits, juste à l'endroit où elle se trouverait au moment de la rupture du câble. Remarquez, à ce sujet, que chaque cage est surmontée d'un appareil dont les solides ressorts se détendent et font enfoncer les extrémités de deux fortes tiges d'acier dans les poutres du guidage aussitôt que le câble cesse de soutenir la cage. Cet ingénieux parachute a été inventé par M. Machecourt, ingénieur distingué, né à La Machine, dont il a pendant longtemps dirigé habilement l'exploitation houillère.

Entrons donc sans crainte dans la cage qui vient de remonter du fond du puits et de laquelle l'engaîneur a déjà retiré deux bennes, contenant chacune quatre à cinq hectolitres de charbon. Dès que nous avons pris place, l'engaîneur donne au machiniste le signal du départ et la cage nous descend rapidement. A la clarté des lampes de mine dont on nous a munis, nous voyons se succéder les poutres des parois du puits. Tout à coup, nous entendons un sifflement sourd et nous entrevoyons l'autre cage qui monte dans le compartiment adjacent. Une minute après, notre cage s'arrête au niveau d'une des couches en exploitation : nous sommes arrivés.

Nous mettons pied à terre dans une galerie assez vaste, mais obscure malgré l'éclairage des lampes. Nous nous arrêtons un instant au chargeage, où l'engaîneur retire les bennes vides qui descendent dans les cages et les remplace par des bennes pleines. Celles-ci sont amenées à l'orifice du puits par des chevaux qui les roulent sur des voies ferrées. Si nous nous éloignons du chargeage, nous remarquons que la galerie de roulage est étayée sur toute sa longueur. Toutes les galeries sont ainsi étayées, excepté celles qui sont percées en plein rocher. En nous enfonçant dans la galerie, nous remarquons aussi que la hauteur du toit diminue graduellement. Bientôt il nous faut baisser la tête, puis plier le dos. Enfin, nous arrivons près d'une porte s'ouvrant sur la galerie de roulage. Cette porte est celle d'une écurie où plusieurs chevaux se reposent, pendant que les autres font le service du roulage. Quelques-uns de ces chevaux sont dans la mine depuis plus de quinze ans et s'y portent bien. On les y descend au moyen d'un filet en chanvre, dans lequel le cheval est solidement ficelé ; on le suspend ensuite au bout du câble et la descente s'opère sans accident.

Mais continuons notre promenade souterraine.

Nous rencontrons successivement des couloirs servant à amener le charbon des galeries supérieures ; des plans inclinés avec treuils servant à descendre les bennes pleines et à monter les vides ; des enfonçures desquelles on monte les bennes pleines, également au moyen de treuils ; des chemins d'air et de petites galeries qui, partant des chantiers, viennent aboutir à la galerie de roulage. Enfin, nous arrivons aux chantiers en exploitation. Là, nous voyons de courageux ouvriers qui, malgré une chaleur étouffante, malgré la rareté de l'air, vicié encore par la fumée des lampes et la poussière du charbon, travaillent avec une ardeur sans pareille. Leur corps, presque nu, ruisselle de sueur, mais le pic frappe sans relâche et, de temps à autre, la poudre fait sauter d'énormes blocs de charbon. Ces infatigables ouvriers passent ainsi leur existence dans ces obscurs et pénibles travaux.

Honneur donc à l'intéressante armée de travailleurs qui va chercher dans les entrailles de la terre, au milieu de mille dangers, le précieux combustible qui est la base de l'industrie moderne et du bien-être social ! Honneur aux chefs qui dirigent les mineurs dans les travaux difficiles des houillères et qui ne craignent pas d'exposer leur vie pour les arracher au danger ! Honneur enfin aux propriétaires de mines qui consacrent une partie de leurs bénéfices à l'amélioration du sort de leurs ouvriers !

A sa sortie de la mine, la houille est criblée, triée et classée par espèces. Ensuite, on la débarrasse de ses impuretés en lui faisant subir un lavage, et alors seulement elle est livrée au commerce et à l'industrie.

Mais il ne vous suffira peut-être pas, cher lecteur, d'avoir vu les couches de houille et d'avoir assisté à leur exploitation ; peut-être voudrez-vous savoir aussi comment ce combustible a pu se former et comment il se fait qu'il existe, en couches si puissantes, à d'aussi grandes profondeurs. Si tel est votre désir, je vais essayer de le satisfaire.

Tout le monde sait que le globe terrestre est presque entièrement composé de matières liquides et incandescentes, et que la croûte solidifiée que nous habitons n'a que douze à quinze lieues d'épaisseur. Cette croûte est formée, en grande partie, de sédiments qui se sont déposés horizontalement, à différentes époques, au fond des mers, et qui, ensuite, ont été soulevés par les forces agissant à l'intérieur du globe. Le terrain houiller est une des plus anciennes et des plus importantes formations sédimentaires. Les grès, les schistes et la houille qui le composent se sont déposés, il y a peut-être des millions d'années, par couches horizontales dans les mers primitives. Mais de quelle manière ces dépôts se sont-ils produits, et comment les couches de houille ont-elles été formées ?

La géologie nous apprend que, après le soulèvement du terrain dévonien (formation sédimentaire qui précéda celle du terrain houiller), les terres émergées, en France, étaient la Bretagne, le plateau de l'Auvergne, le massif des Ardennes et celui du Var. La plus grande de ces îles était le plateau central, comprenant l'Auvergne, le Velay, le Forez et le Limousin d'aujourd'hui. Deux promontoires la prolongeaient, l'un formant une partie de la Bourgogne et du Morvan, et l'autre s'étendant au sud jusqu'à la Montagne-Noire. A l'intérieur existaient de vastes lacs d'eau douce. Je ne m'occuperai, ici, que de cette grande île de l'époque houillère.

Si nous suivons ses contours, nous constaterons, sur un grand nombre de points, l'existence d'amas de charbon. Au nord, nous trouverons les houillères de la Nièvre, de l'Allier et de Saône-et-Loire ; à l'est, celle de la Loire et du Rhône; au sud, les houillères de l'Ardèche, du Gard, de l'Hérault et de l'Aude ; à l'ouest, celles du Tarn, de l'Aveyron, du Lot et de la Dordogne. Enfin, à l'intérieur de l'île, nous trouverons, sur l'emplacement des anciens lacs, les houillères du Puy-de-Dôme et du Cantal.

Cette distribution des dépôts houillers autour d'une île nous montre clairement que la houille s'est amassée en tous ces endroits sous l'influence d'une même cause. Mais quelle est cette cause ? Les savants ont émis, à ce sujet, plusieurs hypothèses. La plus rationnelle semble être celle-ci :

Les îles de l'époque houillère étaient couvertes d'une végétation luxuriante, infiniment plus active que celle de nos jours. Cela tenait, d'une part, à la présence dans l'atmosphère d'une immense quantité de gaz carbonique en dissolution et, d'autre part, à la chaleur et à l'humidité de cette atmosphère, conditions éminemment favorables au développement des plantes. Aussi, n'a-t-on d'exemple, à aucune autre époque, de la prodigieuse abondance de végétaux qui couvraient alors les terres émergées. C'étaient d'énormes fougères, dont la tige élancée atteignait vingt mètres de hauteur et se terminait par un bouquet de feuilles ; c'étaient des lycopodiacées, des équisétacées, des calamites, des sigillaires, des cycadées, des conifères, etc., végétaux absolument différents de ceux d'aujourd'hui. Toutes ces plantes soutiraient à l'air son charbon dissous et l'emmagasinaient dans leurs tiges et dans leurs feuilles. C'est ainsi que l'atmosphère se purifia peu à peu et devint respirable pour les animaux.

A l'époque qui précéda la formation houillère, la grande île dont nous avons suivi les contours présentait cette richesse de végétation. Des cours d'eau arrosaient évidemment ses vallées et se jetaient dans la mer. Or, au moment des crues, l'épaisse végétation qui croissait sur les bords de ces fleuves était submergée et une certaine partie était entraînée jusqu'à la mer. Les embouchures des fleuves devinrent alors de vastes réceptacles où s'entassèrent, pêle-mêle, les débris végétaux arrachés aux forêts voisines.

Après chaque crue, des sédiments recouvraient ces amas de végétaux et les séparaient les uns des autres. Ces sédiments, composés principalement de sables, de vases et de limons, sont devenus les grès et les schistes qui encaissent aujourd'hui les couches de houille.

D'après cette théorie, les nombreux bassins houillers disséminés autour du plateau central correspondraient aux embouchures des fleuves de cette lointaine époque.

A l'intérieur de l'île en question, les végétaux durent être également entraînés par les eaux et déposés au fond des lacs. Là, des sédiments les recouvrirent, et cela continua jusqu'à ce que les lacs fussent entièrement comblés ou soulevés par les forces souterraines.

La houille a donc été formée de végétaux accumulés en énormes quantités dans la mer et dans les lacs.

Mais comment ces végétaux ont-ils pu se transformer en cette substance noire, luisante, dure et compacte à laquelle on a donné le nom de houille ?

Les études et les observations qui ont été faites sur cet intéressant sujet portent à croire que cette transformation a eu lieu sous l'influence de trois causes principales :

1° La pression des couches supérieures ;

2° La chaleur centrale du globe ;

3° L'infiltration des eaux souterraines.

Les sédiments qui se déposèrent par couches horizontales au-dessus des amas de végétaux et les terrains qui, plus tard, à la suite de bouleversements de la surface du globe, s'y déposèrent en stratification discordante, eurent naturellement pour effet de comprimer les masses végétales et d'empêcher tout dégagement de gaz.

De son côté, la chaleur centrale dut agir puissamment sur les couches de végétaux comprimées par les assises supérieures. Cette chaleur qui, à l'époque précédente, était assez intense pour convertir les calcaires en marbres et les argiles en ardoises, dut soumettre les couches végétales à une ébullition qui les réduisit en une masse pâteuse et modifia profondément leur aspect primitif. Il n'y a donc rien d'étonnant à ce que la houille, formée en grande partie de végétaux sans consistance, tombés de vétusté sur le sol des forêts et charriés par les eaux jusqu'aux embouchures des fleuves, où ils subirent une température souterraine de plusieurs centaines de degrés, il n'y a donc rien d'étonnant à ce que la houille, formée dans ces conditions, cache son origine végétale. Mais cette origine est facile à reconnaître dans la houille formée de plantes encore vivantes lors de leur enlèvement du sol. D'où vient la différence qui existe entre ces deux sortes de houilles ? Il est facile de s'en rendre compte en assistant, par la pensée, à une crue de ces temps primitifs.

La végétation, entraînée par les eaux, devait être composée principalement de plantes mortes et à moitié pourries et d'une certaine quantité de plantes arrachées vivantes par la force des courants. Les premières formaient une sorte de radeau compacte qui descendait le fleuve entre deux eaux et venait échouer sur les sables de son embouchure. Les autres plantes, moins imbibées d'eau, flottaient à la surface et ne se déposaient qu'au-dessus des premières ou dans leur prolongement. Parmi ces plantes, les plus légères, telles que les fougères, flottaient plus longtemps encore, et ne se déposaient, parfois, qu'au milieu des vases qui, après chaque crue, recouvraient les amas de végétaux échoués dans la mer. L'ordre de ces dépôts explique seul la différence qui existe entre la houille ordinaire et la houille organisée.

En effet, vu leur faible consistance, les végétaux qui se déposèrent à l'embouchure des fleuves durent subir, sous l'influence de la chaleur souterraine, une décomposition complète, tandis que ceux qui se déposèrent au-dessus d'eux ou plus loin, étant plus résistants, conservèrent, malgré leur transformation en houille, quelques traces de leur organisation primitive. Quant aux plantes qui se déposèrent au milieu des vases et des limons, nous les retrouvons aujourd'hui parfaitement conservées sur les feuillets des schistes.

L'infiltration des eaux à travers les couches terrestres dut aussi exercer une influence sur l'élaboration de la houille. Elle lui donna sans doute une partie de la cohésion, de la compacité et de la dureté que nous connaissons à ce combustible minéral. Elle remplit de matières étrangères les vides qui se produisirent par suite de l'abaissement graduel de la haute température à laquelle la houille fut primitivement soumise.

De ce qui précède, il résulte que le charbon que l'on extrait à La Machine a été formé dans la mer et qu'il doit son origine à un entassement de végétaux singuliers (1) qui croissaient abondamment sur les bords d'un fleuve de l'île connue en géologie sous le nom de plateau central. Ces végétaux, amenés par les crues dans les bas-fonds de la mer houillère, à des époques différentes, ont formé huit couches de houille d'épaisseurs variables, séparées les unes des autres par les sables et les vases qui se sont déposés au-dessus de chacune d'elles. Un soulèvement mit au jour cette curieuse formation, et c'est grâce à lui que l'on peut exploiter ce précieux combustible, car, s'il fut resté sous les eaux de la mer, il eût été recouvert des sédiments dont les couches puissantes ont formé les terrains secondaires et tertiaires, et, dans ce cas, nous aurions même ignoré l'existence de cet important bassin houiller, dont l'exploitation fait vivre depuis longtemps une nombreuse et intéressante population ouvrière.

Cette population si paisible vient d'être bien douloureusement éprouvée par les catastrophes des 18 février et 15 mars 1890 (2), qui ont fait quarante-six

---

(1) Ceux de mes lecteurs qui désireraient voir les curieux végétaux qui ont formé la houille n'ont qu'à me le demander. Je suis à leur entière disposition pour leur faire visiter soit la collection de la Compagnie des Mines de La Machine, établie par M. Busquet, soit ma collection personnelle.

(2) On sait que la catastrophe du 18 février est due, non au grisou, qui n'existe pas dans les mines de La Machine, mais à une inflammation soudaine de poussière de charbon, à la suite d'un coup de mine tiré dans un chantier du puits Marguerite. En quelques secondes, vingt-six ouvriers de ce puits furent brûlés ou asphyxiés ; puis l'énorme quantité de gaz délétères produits par la combustion des poussières suivit la galerie qui fait communiquer le puits Marguerite avec celui des Zagots et asphyxia dix-sept mineurs de ce dernier puits.

La catastrophe du 15 mars a été causée par l'imprudence d'un ouvrier du puits Marguerite qui avait accroché sa lampe à un étai sec d'une galerie. Le feu ayant pris à cet étai se communiqua rapidement aux boisages environ-

victimes et ont plongé tout le pays dans la consternation et dans le deuil.

Mais, dans cette triste circonstance, chacun a fait son devoir, et les habitants de La Machine ne sauraient témoigner assez de reconnaissance à M. Busquet, directeur des mines, et à MM. les ingénieurs Piéry et Monier, pour le dévouement dont ils ont fait preuve en s'élançant les premiers au secours de leurs ouvriers et en prenant toutes les mesures possibles pour éviter le retour de semblables malheurs. On ne saurait trop remercier aussi MM. les représentants de l'autorité locale, et particulièrement M. Burman, préfet de la Nièvre, qui a tenu non seulement à honorer les victimes en assistant à leurs funérailles, mais à consoler les veuves et les orphelins en leur promettant, en termes sympathiques et émus, de s'occuper activement de les secourir.

Cette promesse, M. le Préfet l'a largement tenue, et le département de la Nièvre tout entier s'est empressé de répondre à son appel. De son côté, le Gouvernement a fait acte de générosité en votant un secours de 60.000 francs, et de tous les points de la France arrivèrent des souscriptions. Grâce à cet admirable élan de charité et à la sollicitude de la Compagnie du Creusot, les veuves et les enfants des malheureuses victimes sont à l'abri du besoin.

Pour récompenser les actes de courage accomplis lors du sauvetage des ouvriers des puits Marguerite

---

nants, puis au charbon, et produisit une fumée épaisse qui asphyxia dans leur chantier les ouvriers Bouchon et Talvert, qu'il avait été impossible de prévenir, et le courageux mineur Bouillot qui, après avoir averti et fait sauver un grand nombre de ses camarades, s'égara dans les galeries obscures et périt victime de son dévouement.

et Zagots, M. le Ministre de l'Intérieur a décerné des médailles d'honneur à MM. Jacot, Jacques, maître-mineur ; Roussillon, Jacques, et Duplessis, Etienne, chefs de poste ; Fleury, Louis, et Bouillot, Gabriel, ouvriers mineurs.

THIANGES

A quatre kilomètres au nord-est de La Machine, on trouve le village de Thianges, ou plutôt des hameaux et des maisons éparses dont l'ensemble forme la commune de Thianges.

Ce petit pays est très agréablement situé. De tous les points élevés de son territoire, la vue s'étend délicieusement sur les belles campagnes environnantes et ne s'arrête qu'aux montagnes bleues du Morvan, qui forment un horizon aussi pittoresque que charmant.

Thianges est très ancien. Cette commune a été érigée en paroisse vers 1130, par Monseigneur Fromondus, évêque de Nevers. L'ancienne église de Thianges, démolie depuis une dizaine d'années, s'élevait sur le point culminant du pays ; son emplacement forme le quart du cimetière actuel. Cette église, autrefois archipresbytérale, avait dans sa juridiction les églises suivantes : Aubigny-le-Chétif, Saint-Léger-des-Vignes, Marnay, Saint-Ouen, Imphy, Parigny-sur-Sardolles, Trois-Vesvres, Prie-sur-l'Ixeure, Diennes, Saint-Benin-d'Azy, Saint-Christophe, Saint-Sulpice-le-Châtel, Monceaux-sur-Azy,

Cizely, Anlezy, Reugny, Druy, Verneuil, Sougy, Ville-les-Anlezy, Varennes-en-Glénon, Sardolles, Champvert, La Maison-Dieu de Bolset, Langy, Beaumont-sur-Sardolles, Moustier-en-Glénon, Béard, Sauvigny-les-Chanoines et Lymon ; les chapelles de Saint-Pierre-de-Bosset et de Mont-Foly, et les prieurés de Moustier-en-Glénon, de Saint-Georges d'Anlezy, de Varennes-en-Glénon, de Collange et Beaumont, de Faye, de La Fermeté-le-Monial, de Diennes, de Langy et de Saint-Ouën.

Cette longue énumération donne une idée de l'importance de l'archiprêtré de Thianges, qui fut érigé en 1293. Parmi les archiprêtres qui occupèrent ce poste, le plus remarquable fut M. Jacques-Gabriel de Bazelle, qui était bachelier en théologie, protonotaire du Saint-Siège apostolique, prieur de Saint-Jacques du-Chambon et de Saint-Pantaléon, chanoine de l'église royale et collégiale de Saint-Pierre-le-Moûtier. Ce prêtre distingué fut curé de Thianges pendant trente-huit ans, du 22 mars 1674 au 10 novembre 1712.

Il y eut dans l'église de Thianges de belles cérémonies, qui sont consignées dans les registres de la paroisse. Voici quelques extraits de ces registres :

1°. — *Procès-verbal de la cérémonie d'une Ordination et de la Confirmation faite dans l'église de Thianges, le 24 septembre 1689.*

« Aujourd'huy vingt troisième jour de septembre « 1689, Monseigneur Edouard Vallot Evesque de « Nevers est venu pour la quatrième fois dans ceste « Paroisse et le vingt quatre de ce présent mois, len-

« demain de son arrivée, samedy des quatre-temps,
« il a officié pontificalement dans notre Eglise
« et a ensuite conféré solennellement les Ordres
« sacrez de Prestryse, Diaconal, Sous-Diaconal,
« Quatre-Moindre Tonsure et Confirmation, où entre
« autres a reçu l'ordre de la Prestryse M. l'abbé
« Félix du Diocèse de Clermont, homme d'un mérite
« singulier et parent proche de Mgr l'Evesque de
« Châlons, il y avait des Ordinands des Diocèses de
« Nevers, Autun, Clermont, Bourges, Beauvais,
« Angoulesme, Auxerre et Poictier et même des re-
« ligieux aussi, particulièrement des Capucins au
« nombre de douze. Monseigneur ayant fait publier
« qu'il conferrait les ordres à Thianges et m'ayant
« fait l'honneur de choisir notre Eglise pour ceste
« célèbre cérémonie par une amitié et considération
« particulière qu'il avait pour moy et ayant voulu
« qu'en ycelle j'aie fait les fonctions de Grand-Archi-
« diacre, il m'a de ce mesme jour donné de nouveau
« la faculté de permettre en cas de besoin à messieurs
« les Prestres de notre Archyprestré de Thianges de
« dire deux messes les jours de Festes et Dimanches
« et j'ai accompagné mon dit Seigneur Evesque à
« son départ de ce lieu dans le cours de ses visites.

« Signé : Jacques Gabriel de Bazelle, Prestre,
« Bachelier en théologie, Prothonotayre du Saint
« Siège Apostolique, Prieur de Saint-Jacques du
« Chambon et de Saint-Pantaléon, Chanoine de
« l'Eglise Royale et Collégiale de Saint-Pierre-le-
« Moustier, Curé de l'Eglise Paroissiale et Archy-
« presbytérale de Saint-Pierre de Thianges. »

2°. — *Mariage de Jean du Houx, Seigneur du Neumont, avec Margueritte de Bussières.*

« Le 6 janvier 1690 a été admis à la Bénédiction
« nuptiale Jean du Houx Seigneur du Neumont fils
« de Jacques du Houx Escuyer Seigneur du Neu-
« mont et de feue Anne de Baunet de la paroisse de
« Saint-Laurent d'Andenet province de Bourgogne,
« diocèse de Châlons

« avec

« Margueritte des Paillards fille de feu Claude des
« Paillards Escuyer Seigneur de Bussières-sous-
« Thianges et de haute Dame Jeanne Marie de Mau-
« roy Dame de Bussières, auquel mariage nul ne
« s'est opposé comme il appert par les certificats des
« sieurs curez desdites Paroisses à nous envoyés par
« iceux avec l'attache de Monsieur de Rymont Grand-
« Vicaire de Monseigneur l'Evesque de Châlons, en
« vertu desquels congez nous les avons mariez dans
« notre Eglise Archypresbytérale de Thianges en
« présence des souzsignés

« Jeanne Marie de Mauroy, Dame de Bus-
« sières mère de l'épouse. — Margueritte de
« Danille. — François Toulemain. — Jeanne
« Estiennette des Paillards, sœur de l'épouse.
« — de Bazelle, archyprestre. »

3°. — *Baptême de noble Claude Agnès du Houx.*

« Le 18 octobre 1698 ont estés faites dans l'Eglise
« de Saint-Pierre de Thianges les cérémonies du
« Baptême de Claude Agnès du Houx de Neumont
« fils de Jean du Houx Seigneur du Neumont et de
« Bussières et de noble Demoiselle Margueritte des

« Paillards de Bussières, lequel Claude Agnès du « Houx a esté ondoyé par l'ordre de Mgr l'Evesque « par M. le Curé de Champvert a esté son Parrain « haut et puissant Seigneur Messire Claude Phili- « bert Henry Damas Chevalier de l'Ordre de Saint- « Louys Marquis de Thianges Breval et autres Lieux, « Colonel du Régiment d'infanterie et Brigadier des « Armées du Roy, la Marraine noble et puissante « Demoiselle Margueritte Agnès Damas fille de feu « haut et puissant Seigneur Messire François Damas « Comte d'Anlezy Fleury et autres Lieux et de haute « et puissante Dame Agnès de Tiercelin, lesquels « nous ont déclaré ledit Claude Agnès être né du « Mardy de Pasque 22 avril 1693 en foy de quoi nous « avons signé avec lesdits Seigneur Parrain et noble « Demoiselle sa Marraine en présence de haut et « puissant Seigneur Messire Louis Antoine Erard « Damas Chevalier Seigneur Comte d'Anlezy, Fleury, « Gouffier et autres Lieux et Messire Nicolas Fran- « çois Damas Chevalier Seigneur de Marquis de « Druye de Demoiselle Jeanne Marie de Mauroy « Dame de Bussières Ayeule dudit Claude Agnès.

« Signé : M. de Bussières.— Margueritte Agnès « Damas d'Anlezy. — Claude Philibert. — « Henry Damas de Thianges. — Gl. de Harloy « de Thianges. — M. la M. d'Anlezy. — Le « Marquis d'Anlezy. — Damas d'Anlezy. — « Rapine de Soucherne. — Lecman. — Billy. « — J. Marie de Mauroy de Bussières. — Du- « moncel. — Bergez. — La Rochecanor. — « Gervois le Fontarcel. — De Bazelle Archy- « prestre curé de Thianges. »

4°. — *Sépulture de noble Dame Jeanne Marie de Mauroy de Bussières.*

« Aujourd'huy second jour de febvrier, jour de la
« Purification de la Très Sainte Vierge 1705 a esté
« inhumée dans l'Eglise de Thianges à l'entrée de
« la chapelle de Saint-Georges et de Saint-Amable
« la charitable Mademoiselle Jeanne Marie de Mau-
« roy Dame de Bussières relief de Claude des Pail-
« lards vivant Escuyer Seigneur dudit Bussières, la-
« quelle, après avoir employé l'espace de trente cinq
« années de sa viduité à soulager et à secourir par
« ses charités, sa douceur et son habileté en fait de
« toutes les maladies et rassurer les personnes affli-
« gées et indisposées de tout état et condition et par-
« ticulièrement les pauvres qui la réclamoient de
« toute part et en recevoient guérison, d'avoir encore
« d'un saint zèle esté la décoratrice de l'Eglise et des
« autels et des ornements pendant ledit temps morte
« le 1er febvrier, munie qu'elle a esté des Saints-
« Sacrements de l'Eglise et qu'elle a reçus avec édi-
« fication, a, âgée de soixante ans rendu son âme à
« Notre Seigneur. Sa mort regrettée non seulement
« sur les lieux mais encore de tous côtés de la pro-
« vince où son mérite et sa réputation est étendue
« et connue. Priez Dieu que devant lui soit son âme.
« Ainsi soit-il ! Elle a esté inhumée le deux febvrier
« après Vespres avec assemblée de messieurs les
« Curés des environs et concours des peuples.

« Signé : Jacques Gabriel de Bazelle
« Archyprestre de Thianges. »

5°. — *Acte de décès de M. Jacques Gabriel de Bazelle.*

« Aujourd'hui dixième jour de novembre 1712, a
« esté inhumé par moy souz-signé Maître Jacques
« Gabriel de Bazelle Docteur en théologie, Protho-
« nothaire du Saint Siège Apostolique Chanoine-
« Doyen de Saint-Pierre-le-Moustier Archyprestre
« de Thianges.

« Signé : Greffier, curé de Beaumont. »

On voit, par ces documents, que Thianges avait autrefois une grande importance, tant au point de vue seigneurial qu'au point de vue religieux.

Il y eut anciennement un château sur le sommet de la petite montagne où était bâtie l'église de Thianges. Un amoncellement de pierres indique l'emplacement de ce château, qui était entouré de murailles et d'un canal dont on voit encore les traces autour de la ferme de Thianges.

Un autre château était bâti sur le curieux mamelon que l'on voit au sud de Thianges, près de la route de Germignon.

Ces châteaux appartenaient aux puissants seigneurs de Thianges.

Anne de Digoine porta la terre de Thianges, par alliance, à Jean de Damas, fils de Jacques, seigneur d'Anlezy.

En 1670, une demoiselle de Damas, fille du marquis de Thianges, apporta en mariage le marquisat de Thianges à Jules-Philippe Mancini, duc de Nevers, neveu du cardinal Mazarin, et, par cette alliance, la terre de Thianges se trouva réunie au duché de Nivernais.

Le duc de Nevers fut parrain d'une cloche de l'église de Thianges, comme l'atteste un acte inscrit sur les registres de cette paroisse :

« Cejourd'hui 25e juillet 1718, la Bénédiction de la « Cloche de Thianges fondue aux dépends des ha- « bitants de ladite Paroisse a été faite par moy curé « soussigné. Le Parrain haut et puissant Seigneur « Monseigneur Jules Jacques Philippe Mazarini de « Mancini Comte de Nevers héritier au Duché et « Pairie Nivernois, Donziois, ancien ressort et en- « clave de Saint-Pierre-le-Moustier, Grand d'Espa- « gne de 1er ordre, Prince de Nergogne et du Saint- « Empire, Chevalier des Ordres du Roy et Lieute- « nant Général au Pays de Nivernois, et la Marraine « haute et puissante Dame Madame Louise Magde- « leine de Damas de Thianges Duchesse de Lesorle, « lesquels ont nommé pour remplir leur place M. Jean « Rossignol père Bourgeois pour Monseigneur et « Madame de Rosticelly épouse de Monsieur de Ros- « ticelly officier de mon dit Seigneur pour remplir « celle de Madame. Lesquels ont signé

« Pinet. — Françoise Tabournau. — Poumier « prieur, curé de Langy. — Bardos, prieur « d'Anlezy. — Peaumont, curé de Diennes. « Regnault, prieur, curé d'Aubigny.— Sier- « nel. — C. Pinet. — Demares. — Rossi- « gnol. — Rosticelly. — Rossignol, curé de « Thianges. »

Une autre cloche fut bénie à Thianges en 1725. Voici la copie de l'acte qui a été dressé à cette occasion :

« Le 15 juillet 1725 en vertu d'une Commission

« de Mgr l'Evêque de Nevers, adressée à nous en date
« du 12 présent mois, signée † Charles Evêque de
« Nevers et plus bas par Monseigneur : Jacob, nous
« avons curé soussigné fait la Bénédiction d'une des
« Cloches de cette Eglise de laquelle a été Parrain
« Messire Jean Pierre Pinet Chevalier Seigneur des
« Ecotz, trésorier de France au Bureau des Finances
« de Moulins-en-Bourbonnois. La Marraine Madame
« Félicité Catherine Guerre femme de M. Benoist de
« Fevauche Seigneur de Saint-Maurice et Président
« en la Chambre des Comptes de Nevers ladite Bé-
« nédiction faite en présence de Messire Balthazard
« Dougny Prestre-Doyen de Moulins-Engilbert Curé
« de Champvert de Monsieur Sault de Germancy
« Conseiller de la Chambre et Cour des Comptes des
« Domaines et Finances de Bourgogne.

« Signé : Catherine Félicité Guerre de Saint-
« Maurice. — Dougny, curé de Champvert.
« — Pinet des Ecotz. — Roy Boudeville. —
« F. M. Guerre. — L. Sault de Germancy.
« Sallonnier de Faye. — S. Hounellier, curé
« de Thianges. »

Les registres de la paroisse de Thianges nous apprennent aussi que, pendant la Révolution, M. François Deschamps, curé de Thianges, fut expulsé de sa cure pour n'avoir pas voulu compromettre sa foi en prêtant le serment de la Constitution civile du clergé. Son âge de soixante-huit ans le dispensa de la déportation prescrite aux non assermentés par la loi du 26 août 1792 ; mais les sexagénaires et les infirmes à qui cette loi accordait une dispense étaient condamnés par elle à la réclusion sous la surveillance des autorités civiles. M. Deschamps, parti de Thianges au commencement de 1793, subissait à Nevers cette peine que chaque jour de nouvelles vexations venaient aggraver. Elle le fut bien davantage, par la plus révoltante violation de la même loi, lorsqu'en février 1794, pour se débarrasser des prêtres infirmes ou sexagénaires qu'on tenait en réclusion, on les fit partir brusquement pour Nantes, où déjà d'autres prêtres venaient d'être submergés. Les maux de tout genre que le vénérable vieillard, M. Deschamps, eut à souffrir avec soixante autres prêtres, dans la route et ensuite dans la galiote du port de Nantes, où ils furent comme ensevelis, étaient pour eux un cruel martyre. Quarante-quatre y succombèrent en peu de temps. Lorsque la politique des tyrans exigea qu'ils fissent passer à Brest ceux des prêtres qui n'avaient pas encore expiré, une insalubre gabare à sel, où M. Deschamps se trouva placé dans cette nouvelle navigation, mit fin à son existence. Il mourut à la fin d'avril 1794, et son corps fut jeté à la mer.

Après le départ du curé Deschamps, les représentants du peuple Grangier et Paulmier organisèrent le district de Thianges, dont les membres furent :

Boquet, maire ;

Bonnet ;

Taupin ;

Michée, dit Reuillé ;

Louis Julliens, greffier.

Depuis la tourmente révolutionnaire, la commune de Thianges a toujours été administrée par des membres des anciennes familles Pouillat et Durand. Leur intelligente administration et leur dévouement aux intérêts de la commune ont procuré aux habitants de Thianges un certain bien-être qui les dédommage de la perte de l'ancienne grandeur de leur pays.

Cependant, cette commune est encore l'une des plus riches du département de la Nièvre. Elle possède une belle forêt dont les produits sont partagés entre les habitants de Thianges. Voici l'origine de cette importante propriété communale :

Il existait anciennement dans la commune de Thianges une forêt d'une grande étendue, connue alors sous le nom de Glénons-les-Barbets et dépendant de la seigneurie de ce nom.

Les habitants des villages de Thianges, Ville-les-Anlezy, Langy et Saint-Georges en étaient usagers.

Les seigneurs, voulant dégrever cette forêt du droit d'usage, proposèrent aux usagers de le convertir en un droit de propriété au moyen d'un cantonnement ; mais ces derniers n'ayant pas voulu y consentir, un procès s'engagea entre eux et les seigneurs : l'instance fut portée devant la *Table de Marbre*, où il intervint, le 3 avril 1615, une sentence confirmée ensuite par un arrêt du Parlement de Paris, par laquelle il fut ordonné que le partage de la forêt appelée Glénons-les-Barbets serait fait en quatre portions. Ce partage eut lieu le 15 mai, jours et mois suivants, de l'année 1623. Le procureur des seigneurs comparut devant le juge du lieu des Barbets et exposa que les seigneurs avaient obtenu sentence et jugement des grands maîtres, enquesteurs-généraux et examinateurs du domaine de France, au siège de la *Table de Marbre* du palais de Paris, portant que la forêt de

Glénons-les-Barbets serait divisée en quatre portions égales, « dont l'une serait baillée et délaissée aux « usagers dénommés audit jugement, pour eux et les « autres habitants des villages et hameaux de Thian- « ges, Ville-les-Anlezy, Langy et Saint-Georges », ayant égard à la proximité et aisance desdits habitants, pour y jouir par eux à part et admis en droits d'usage suivant les édits et ordonnances, en prendre pour se chauffer et bâtir par marque, et en outre desdits officiers, sans que lesdits demandeurs et autres seigneurs y puissent prétendre ni avoir aucun droit, que le droit de seigneurie directe et foncière avec les redevances qui en sont dues, et que les trois autres quarts du total demeureraient auxdits seigneurs en toute propriété, libres de tous droits d'usages.

Le partage des bois en question attribua aux habitants des villages et hameaux ci-dessus nommés une contenance de 793 arpents 76 carreaux, soit environ 400 hectares.

Depuis ce partage jusqu'en l'an XIII de la République, les habitants de Thianges, Ville-les-Anlezy, Langy et Saint-Georges jouirent en commun du bois à eux attribué. A cette époque, la commune de Thianges et les villages de Ville-les-Anlezy, Langy et Saint-Georges voulurent partager entre eux le quart du bois des Glénons-les-Barbets, et, pour y parvenir, le conseil municipal de Thianges prit, le 10 ventôse an XIII, une délibération par laquelle il autorisa M. le Maire de ladite commune, 1° à consentir et même à provoquer ledit partage; 2° à prendre toutes les mesures nécessaires pour la conservation des bois qui écherraient à la commune par le résultat du partage.

L'administration forestière, consultée à ce sujet, émit un avis favorable, et un arrêté de la préfecture autorisa ce partage, qui eut lieu le 18 juin 1809.

VERNEUIL

A deux lieues à l'est de Decize, dans un vallon fertile arrosé par l'Andarge, se groupe le petit bourg de Verneuil. Il est dominé par un ancien château qui fut autrefois entouré d'une double enceinte flanquée de tours et qui appartint successivement aux seigneurs de la Perrière, de Rivière, de Digoine, de Fontenay, de Babute, de Bonnet et de Maumigny ; ces derniers le réunirent au fief dont ils portaient le nom. Entre ce manoir et l'humble maison où Saint-Just fut mis en nourrice s'élève la jolie petite église de Verneuil, dont le portail, les trois nefs et les trois absides sont ornés de riches sculptures. Il y a quelques années, l'antiquaire pouvait encore admirer dans cette église un beau missel du XIVe siècle, tout enluminé de dessins et de lettres ornées, un encensoir gothique, un bénitier sculpté de la Renaissance et un curieux saint Hubert byzantin, incrusté dans une des faces intérieures du clocher. Les droits seigneuriaux concernant l'église de Verneuil étaient autrefois partagés entre l'abbesse de Notre-Dame de Nevers, qui avait le titre de dame du clocher, et les sires de Maumigny, qui étaient seigneurs du chœur.

La famille de Maumigny, noble d'ancienne race (1), mérite une étude particulière : cette étude sera d'autant plus intéressante qu'elle nous fera connaître, en même temps que l'histoire de la maison de Maumigny, les noms de la plupart des seigneurs de la contrée.

La famille de Maumigny a pris son nom de la terre de Maumigny, située dans la paroisse de Verneuil, à trois lieues de Decize.

Divisée en plusieurs branches dès le XIVe siècle, elle avait cessé à cette époque de posséder cette terre, qui était passée dans la famille du Verne. Elle y est rentrée en 1417, par donation de la maison de Chevenon et en est sortie vers le milieu du XVIIe siècle, époque à laquelle une héritière la porta dans la maison de Bongards.

La famille de Maumigny a toujours eu des alliances distinguées, appartenant à d'anciennes races de noms et d'armes, comptées parmi les premières du Nivernais et des provinces voisines.

Elle a fait des preuves à diverses époques, et dans le siècle dernier pour l'ordre de Malte et la maison du roi. Les principaux titres (originaux et expéditions authentiques) qui ont servi à ces preuves existent encore dans ses archives.

La filiation de cette famille est littéralement établie depuis 1412 ; mais antérieurement on trouve :

Jean de Maumigny, damoiseau, qui épousa, vers 1340, Agnès de Boux, dame de la terre seigneuriale

(1) Ses armes sont : d'argent, au chevron de sable, accompagné en pointe d'une molette d'éperons de gueules ; au chef cousu d'or. L'écu timbré d'une couronne de comte. Tenants : *deux sauvages*. Devise . *Retrocedere nescit.*

de Boux, dans la paroisse de Remilly, au nom de laquelle il fit hommage et fournit aveu et dénombrement en 1349, pour des biens situés dans la paroisse de Taix (*Inventaire des titres de Nevers, t. II, fol. 1209*);

Puis :

Guiot de Maumigny, écuyer, qui possédait un fief dans la paroisse de Verneuil. C'est ce qu'on apprend d'un aveu et dénombrement de cette dernière terre fourni le samedi, jour de la fête de saint Luc, évangéliste, 1371, suivant acte passé devant Regnauld Pomereul, notaire juré sous le scel de la prévôté de Decize, par messire Jean de la Perrière, chevalier, seigneur de la Boue, à haute et puissante princesse madame la comtesse de Flandre, d'Artois et de Bourgogne, à cause de son château de Cercy, en Nivernais. Parmi les tenures que Jean de la Perrière déclare mouvoir de sa terre de Verneuil, il cite, entre autres, le fief de Gobin de Maumigny et le fief de Guiot de Maumigny.

Guiot de Maumigny, premier du nom, seigneur de Boux, puis de Maumigny, fut écuyer d'honneur du roi Charles VI, ainsi que le prouve un brevet de ce prince du 9 janvier 1412. Par acte du 1er janvier 1417, passé devant Bertrand de Chasteaul, notaire juré sous le scel de la prévôté de Saint-Pierre-le-Moûtier, noble homme Jean de Chevenon, écuyer, seigneur dudit lieu, fit donation à Guiot de Maumigny, écuyer, de la terre de Maumigny, que ledit Jean de Chevenon avait acquise de Jean du Verne, écuyer, avec l'étang Girard, ainsi que tous droits, rentes, revenus quelconques, maisons, terres, prés, vignes, bois, garennes, cens, censives, bordelages, tailles, corvées, mainmortes, hommes et femmes de corps, appartenant à ladite terre de Maumigny *(Original en parchemin)*. Guiot de Maumigny a laissé entre autres enfants :

1° Gui de Maumigny, seigneur de Maumigny et de Boux, qui fut conseiller et 1er maître-d'hôtel de Charles de Bourgogne, comte de Nevers ;

2° Guiot de Maumigny, 2me du nom, co-seigneur de Boux, qui fut écuyer d'écurie de Charles de Bourgogne et qui épousa, par contrat du 12 juin 1419, damoiselle Philiberte de Chevenon, énoncée veuve et usant de ses droits. En 1424, Guiot II de Maumigny obtint des lettres de défaut de comparution contre un chevalier avec lequel il devait se battre en duel et qui ne se rendit pas aux divers ajournements fixés pour le combat. Voici, à titre de curiosité, un extrait des lettres qui rappellent ce fait :

« A tous ceux qui ces présentes lettres verront, » Pierre Lamiche, bachelier en décret, lieutenant de » noble et puissant seigneur messire Gérard Damas, » chevalier, seigneur de Marcilly, gouverneur des » pays de Nivernois et de Donziois, salut. Comme le » sixième jour de may dernier passé parolles inju- » rieuses et débaz se sont meuz en la ville de Molins- » lez-Engilbert entre messire Symon Ostringler, » chevalier, et noble homme Guyot de Maulmigny, » escuyer, en la présence dudict gouverneur ; et sur » ce ledict escuyer jetta son gaige, et ne fut point » levé par ledict chevalier, mais requist à mondict » seigneur le gouverneur qu'il donnast advis ; et » journée fut assignée au 16e jour de may ; à laquelle

» journée ledict escuyer se comparut en personne, » accompagné de plusieurs gentilshommes, ses pa- » rents et amis, audict lieu de Molins, pardevant » mondict seigneur le gouverneur, et ne se comparut » point ledict chevalier ; laquelle journée fut conti- » nuée jusqu'au 12e jour de juing, *au lieu où soit* » *madame la comtesse*, auquel 12e jour de juing » ledict escuyer se comparut en personne audict lieu » et ville de Molins, où estoit madame la comtesse, » et ledict chevalier n'y vint point en personne, mais » se comparut par dom Colignon, son procureur. »

(La cause fut continuée au 10 juillet, puis de nouveau prorogée au 11 août).

« Sçavoir faisons que pour ce que audict jour d'huy » ledict messire Symon Ostringler n'est venu soy » présenter ne comparus d'autres pour luy, iceluy » chevalier avons mis et mettons au deffault, et audict » Guyot de Maulmigny pour ce présent comparent et » attendu souffit, avons donné et donnons deffault. » Ce fut faict audict lieu de Molins-lez-Engilbert le » 11e jour d'août l'an 1424. »

Guiot II de Maumigny eut deux enfants :

1° Philibert de Maumigny, écuyer, seigneur de Boux, qui épousa Alixette Breschart et servit comme homme d'armes au ban et arrière-ban de la noblesse de Nivernois, convoqués les 21 juillet 1467 et 12 mars 1469 ; il fournit, en cette dernière année, l'aveu et dénombrement de sa maison forte de Boux (*Inventaire des titres de Nevers*, t. II, fol. 978 ; t. IV, fol. 2681, 2696) ;

2° Huguenin de Maumigny, écuyer, seigneur de Maumigny, qui épousa, par contrat du 25 mai 1473, damoiselle Jeanne du Verne. De ce mariage naquit Esmond de Maumigny, écuyer, seigneur de Maumigny, puis de Boux et de la Boue, qui épousa, par contrat du 10 novembre 1500, damoiselle Marie de la Perrière.

Esmond de Maumigny eut pour enfants :

1° Antoine de Maumigny, écuyer, seigneur dudit lieu, de la Boue et de Saint-Michel-en-Longue-Salle, qui épousa, par contrat passé au château de Decize, le 12 juin 1526, damoiselle Claude Lamoignon, fille de noble homme Blaise Lamoignon, seigneur de Rivière et de Vieil-Manay, écuyer d'écurie de Françoise d'Albret, veuve de Jean de Bourgogne, comtesse douairière de Nevers, et de Jeanne de la Venne, qui fut gouvernante de la comtesse de Nevers ;

2° Philibert de Maumigny, écuyer, seigneur de Boux, qui épousa Madelaine de Juysard et mourut en 1571, ne laissant qu'une fille.

Antoine de Maumigny avait eu cinq enfants ; un seul, François de Maumigny, continua la postérité. Ce dernier était seigneur de la Boue, de Rivière, de Champromain, de Chevannes et de Maumigny, et épousa, par contrat du 10 avril 1581, Nicolle d'Ymonville, fille d'Edme d'Ymonville, seigneur de la Mothe-les-Mezilles. Le 23 août 1583, François de Maumigny rendit hommage à Jacques Amyot, évêque d'Auxerre, grand-aumônier de France, pour la terre et seigneurie de Rivière, mouvante de ce prélat à cause de sa châtellenie de Toucy.

Les enfants de François de Maumigny furent :

1° Antoine de Maumigny, écuyer, seigneur de Saint-Michel-en-Longue-Salle et de la Boue, qui épousa, par contrat du 21 mai 1612, passé au château de Guipy, Anne du Pré, fille de noble homme Pierre du Pré, seigneur de Guipy, de la Malmaison et de Beaumont ;

2° Charles de Maumigny, qui continua la descendance et dont je parlerai plus loin ;

3° Philippe de Maumigny, seigneur de la Mothe-Ponceau, en Puisaye, qui servit dans une compagnie de 100 hommes d'armes des ordonnances du roi et s'allia, par contrat du 27 mai 1625, avec Louise le Long, fille de haut et puissant seigneur messire François le Long, seigneur des Fougis, de Thionne, de Merey, etc. ;

4° Jean de Maumigny, seigneur de Maumigny, qui épousa, le 1er décembre 1620, Anne du Four, fille de Pierre du Four, écuyer, seigneur de Villers et du fort de Lanty, conseiller du duc de Nevers. Jean de Maumigny n'eut qu'une fille, qui épousa Georges de Bongards, seigneur de Grosbois, à qui elle porta la terre et seigneurie de Maumigny ;

5° Claude de Maumigny, qui se maria, par contrat passé au château de la Boue, le 1er mars 1609, avec Eustache de Lichy, seigneur de Lichy, près Saint-Saulge, fils d'Adrien, seigneur de Lichy, et d'Isabelle du Lys. Eustache du Lys, alors évêque de Nevers, donna 1000 livres tournois en faveur de ce mariage ;

6° Madelaine de Maumigny ;

7° Isabeau de Maumigny, mariée à Jean du Pré, seigneur de Guipy ;

8° Françoise de Maumigny, épouse de François de la Rochette, seigneur du Crouzeau.

Charles de Maumigny, seigneur de Rivière, de

Chevannes, de Villecray, etc., se maria, par contrat passé à Decize, en l'hôtel de noble seigneur Gilbert d'Armes, chevalier, seigneur de Busseaux, de Vesvres, de Mussy, etc., devant Coppin, notaire juré sous le scel du bailliage de Saint-Pierre-le-Moûtier, le 21 juin 1621, avec Gabrielle de Reugny, fille de feu noble seigneur Gabriel de Reugny, seigneur de Riéjot, et d'Anne de Paris, en présence de Paul Damas, baron d'Anlezy, chevalier de l'ordre du Roi, premier gentilhomme de la chambre et conseiller d'Etat, Antoine, Philibert et Jean de Maumigny, frères du futur, François de la Rochette, son beau-frère, Pierre de la Rivière, seigneur de Chevannes-les-Vaux, tous parents de Charles de Maumigny, ainsi que Gilbert d'Armes, oncle de la future, Charles de Remigny, baron de Joux, Jean de Reugny, seigneur du Tremblay, Christophe de Montchaveau, seigneur d'Antigny, beau-frère de la mariée, et autres parents. Charles de Maumigny ayant acquis la moitié de la terre et seigneurie de Morand de Benoîte Falgue, par contrat du 2 décembre 1622, en fit hommage-lige le 7 du même mois au duc de Nivernois (Charles de Gonzague), à cause de sa châtellenie de Champvert, dont elle était mouvante en plein fief. Il servait, en 1636, sous Gaston, frère du roi, et ne vivait plus en 1646. Gabrielle de Reugny, sa veuve, se remaria, par contrat du 14 juin 1650, avec Philippe de Lichy, seigneur de Lisle, et mourut en 1669. Elle avait eu de son premier mari :

1° Claude de Maumigny, qui servait, en 1645, au siège de la Mothe, dans le régiment du chevalier de Magalotti, maréchal-de-camp, suivant un certificat de ce général daté du 16 mai de cette année. Il mourut peu après sans postérité ;

2° Paul de Maumigny, chevalier, seigneur de Riéjot et de Morand. Il naquit à Champvert, le 29 octobre 1642, et servait, en 1660, dans les chevau-légers de M. d'Hocquincourt, suivant un certificat du 6 janvier, signé de M. Perrin, capitaine et major de ce régiment. Il fut depuis officier dans l'escadron de la noblesse de Nivernois, suivant un autre certificat du 22 mars 1680, signé de Busseaux. Il avait épousé, par contrat du 20 novembre 1670, Esmée de Marcelanges. Il mourut sans enfants le 8 juin 1681 et fut inhumé dans la chapelle de Riéjot, à Champvert. Ce fut Paul-Hugues de Maumigny, son neveu, qui recueillit ses biens. Esmée de Marcelanges se remaria à Jean-Pierre le Roy, seigneur baron d'Allarde ;

3° Hugues, qui a continué la descendance ;

4° Gilberte-Angélique de Maumigny, abbesse du couvent de Sainte-Claire, à Decize ;

5° Catherine de Maumigny, mariée au château de Riéjot, par contrat du 29 avril 1662, passé devant Gabriel Breton, notaire royal, sous le scel du baillage de Saint-Pierre-le-Moûtier, avec messire François-Léonard de Bonnay, chevalier, seigneur de Neufville et en partie de Verneuil, fils de feu messire François de Bonnay, chevalier, seigneur de Neufville, des Augères, etc., et de Jeanne de Babute, cette dernière fille de Guillaume de Babute, seigneur de Verneuil, baron de Saint-Aignan, échanson ordinaire de la maison du roi, beau-frère d'Etienne de Maumigny. Louis de Bonnay, frère de François-Léonard, renonçant à son droit d'aînesse en faveur de ce mariage (ce qu'il n'eut pas fait autrement, porte le contrat), donna au futur les terres de Neufville et de Verneuil. Jean de Bonnay, chanoine-comte de Lyon, baron de Condrieux et prieur du Puy-Saint-Ambroise, renonça aussi à tous ses droits au profit de son frère Léonard. A ce contrat furent en outre présents messire Philippe de Lichy, seigneur de Lisle, et dame Gabrielle de Reugny, beau-père et mère de la future, messires François de Bonnay, chevalier, seigneur de Vomas et de Franay, Antoine-François des Gentils, chevalier, baron du Bessay, Paul-Léonard des Gentils, chevalier, seigneur de Lamenay, Charles de Bongards, seigneur de Maumigny, Louis des Paillards, seigneur de Bussières, tous parents et amis des parties. Catherine de Maumigny ayant survécu au seul fils qu'elle avait eu, et qui mourut sans enfants, le 18 octobre 1689, héritier de ses oncles, Louis de Bonnay, seigneur de Verneuil en partie, Gilbert de Bonnay, seigneur des Augères, Jean de Bonnay, chanoine et comte de Lyon, et de Marguerite de Bonnay, leur sœur, elle hérita de la terre de Verneuil, qui passa à Paul de Maumigny, son neveu. Catherine de Maumigny mourut vers 1719 ;

6° Marguerite de Maumigny, morte sans alliance. Sa sœur Catherine avait été instituée son héritière par son testament du 16 septembre 1670.

Hugues de Maumigny, chevalier, seigneur de Chevannes, de Villecray et de Rivière, passa une transaction au château de Villecray, avec son frère, messire Paul de Maumigny, chevalier, seigneur de Riéjot et de Morand, devant Noël Dubiez, notaire royal, sous le scel du bailliage de Saint-Pierre-le-

Moûtier, le 20 juin 1671, transaction par laquelle les deux frères ratifièrent le partage de leurs biens qu'avait fait dame Gabrielle de Reugny, leur mère, le 1er octobre 1669. Hugues avait obtenu, le 20 mars de cette année, un congé signé de M. d'Artagnan, comme ayant servi le roi sous ses ordres, dans la compagnie de mousquetaires. Hugues de Maumigny est porté sur le contrôle des gentilshommes de la province de Nivernois, convoqués pour le premier ban, tant au bailliage de Saint-Pierre-le-Moûtier qu'au duché-pairie de Nivernois et Donziois, commandé par messire Georges de Reugny, chevalier, seigneur comte du Tremblay, et qui servirent jusqu'au 8 novembre 1674, à l'armée d'Alsace, sous le vicomte de Turenne, maréchal-général des camps et armées du Roi (certificat de M. de Reugny, du 23 novembre 1674). Depuis, il fut aide-major et brigadier de l'escadron de la noblesse du Nivernois (certificat du 17 septembre 1689). Il fut tué au combat de Leuze, le 19 septembre 1691, servant dans les chevau-légers de la garde du roi, commandés par le duc de Chevreuse. Il avait épousé, par contrat du 30 juillet 1675, passé devant Tollard, notaire royal à Giverdy, Marguerite de Girard, veuve d'Eustache de Charry, seigneur de Sept-Voyes, et fille de messire Paul de Girard, chevalier, seigneur de Belombre, de Boisjardin et autres lieux, et de dame Catherine de la Bussière. Marguerite de Girard mourut le 11 août 1727 et fut inhumée dans le chœur de l'église de Verneuil. Hugues de Maumigny en avait eu douze enfants, dont un seul a eu postérité. Les autres sont morts jeunes ou sans alliances.

Paul de Maumigny, chevalier, seigneur de Riéjot, de Villecray, de Morand, de Verneuil et autres lieux, né le 29 avril 1676, épousa au château d'Azy, par contrat passé devant Dugué, notaire royal, le 28 juillet 1699, Claude de Las, fille de Charles de Las, chevalier, seigneur de Valotte, de Chérault, etc., et de dame Jeanne de Changy. Au contrat furent présents messire Anne-Henri d'Armes, chevalier, seigneur, comte de Busseaux, lieutenant pour le roi en la province du Nivernois, messire Louis de Reugny, chevalier, seigneur, comte du Tremblay, subdélégué des maréchaux de France, Antoine des Ulmes, sieur de Briou, messire Paul de Lichy, chevalier, seigneur de Lichy et de Parigny, tous parents de l'époux, messire Louis-Henri de Bar, chevalier, seigneur, comte de Limanton, et dame Jeanne de Las, son épouse (sœur de Claude), messire Jacques du Crest, chevalier, seigneur de Villaines, beau-frère de la future, Charles de Saint-Phalle, chevalier, seigneur de Montgoublin. En faveur de ce mariage, Catherine de Maumigny, veuve de François de Bonnay, fit don au futur de la terre de Verneuil, qui est encore aujourd'hui dans la maison de Maumigny. Paul servait, le 2 juillet 1698, comme contrôleur dans l'escadron de la noblesse du Nivernois. Le 19 septembre 1719, lui et sa femme acquirent le domaine de Virot, dans la paroisse de Verneuil, de Claude-Robert des Marchins, écuyer, seigneur de Chassy en Berry. Paul mourut le 3 mars 1736, et sa femme le 8 octobre 1765. Ils furent enterrés dans le chœur de l'église de Verneuil. Leurs enfants furent :

1° Paul-Jean, qui a continué la descendance ;

2° Claude-François de Maumigny, né le 4 février 1708, mort sans postérité ;

3° Catherine-Michelle de Maumigny, née le 16 mai 1700, morte sans avoir été mariée, le 13 avril 1726, et inhumée dans le chœur de l'église de Verneuil ;

4° Anne-Marguerite de Maumigny, née le 4 octobre 1701, abbesse de Sainte-Claire, à Decize, morte en 1780 ;

5° Une autre fille, née en 1705, morte sans avoir été mariée ;

6° Louise-Henriette de Maumigny, dite madame de Bussy, née le 12 février 1709, religieuse de Sainte-Claire ;

7° Claire de Maumigny, née le 26 mai 1710, morte sans avoir été mariée.

Paul-Jean de Maumigny, chevalier, marquis de Verneuil, seigneur de Riéjot, Villecray, Selines-sur-Loire et Patinges en partie, né le 19 avril 1703 et baptisé à Verneuil le 18 décembre 1705, fut reçu page de la grande-écurie du roi sur preuves certifiées le 23 septembre 1723, et fut nommé lieutenant au régiment de Poitou le 28 juillet 1727, puis lieutenant des maréchaux de France par commission du 1er janvier 1772, signée du maréchal, duc de Tonnerre. Paul-Jean de Maumigny mourut à Nevers, le 25 avril 1779. Il avait épousé, par contrat passé devant Ramée, notaire au Châtelet de Paris, le 10 juin 1733 (mariage célébré le 30 du même mois), Françoise-Marie Bouzitat de Selines, fille de Pierre Bouzitat, écuyer, seigneur de Selines et autres lieux, ancien mousquetaire de la garde du roi, et de dame Marie-Gabrielle de Goury. De leur mariage sont issus :

1° Paul-Marie-François, dont l'article suit ;

2° Louis-François de Maumigny, né à Nevers le 4 juin 1752. Il entra comme sous-lieutenant dans le régiment de Poitou, infanterie, le 11 août 1768, et y devint successivement lieutenant et capitaine. Emigré en 1791, avec son frère et ses neveux, il fit la campagne de 1792 à l'armée des princes, dans la compagnie des chasseurs à cheval de Franche-Comté. En 1794, il servit comme lieutenant en premier dans le régiment de Béthisy. Au licenciement de corps (1796), il rejoignit l'armée de Condé, et fit, comme maréchal-des-logis des chasseurs de Noinville les campagnes de 1796 et 1797, puis celle de 1799, dans les chasseurs nobles d'Angoulême, où il fut nommé fourrier le 16 février 1800. Il avait été reçu chevalier de l'ordre de Saint-Louis par le prince de Condé, le 7 août 1796 (certificats du duc de Berry, du duc d'Angoulême et du prince de Condé). Il fut retraité lieutenant-colonel, par brevet du 16 avril 1816, et mourut à Eymoutier, le 4 juin 1819, sans avoir été marié ;

3° Joseph-Marie-Jean de Maumigny, qui ne vécut que trois semaines ;

4° Claudine-Madelaine-Pierre de Maumigny, dame de Verneuil, née le 19 janvier 1737, morte le 17 juin 1792, sans avoir été mariée.

Paul-Marie-François, comte de Maumigny, chevalier, seigneur de Riéjot, de Villecray, de Morand, de Fondjudas et autres lieux, maréchal des camps et armées du roi, naquit à Nevers, le 2 décembre 1735. Il fut reçu page en la grande-écurie du roi sur preuves certifiées le 10 mai 1751. A sa sortie des pages, il fut fait lieutenant en second dans le régiment d'Apchon, dragons, le 25 mai 1754. Il devint successivement lieutenant en premier, le 1er septembre 1755, capitaine le 20 août 1758, major le 8 avril 1779, lieutenant-colonel en 1784, puis colonel. Le comte de Maumigny fit avec ce corps les campagnes de la guerre de Sept-Ans, et se trouva aux batailles de Rosbach, le 5 novembre 1757, de Sunderhausen et de Lutzelberg, le 23 juillet et le 10 octobre 1758, de Berghen et de Minden, les 13 avril et 1er août 1759, de Filinkhausen, le 16 juillet 1761, de Wilhelmsthal et de Johannesberg, les 21 juin et 30 août 1762, et fut créé chevalier de l'ordre de Saint-Louis, le 11 février 1777. Emigré en 1791, il servit d'abord comme capitaine dans les chasseurs de Franche-Comté et à l'armée des princes, où il fit la campagne de 1793. Il passa dans la cavalerie en 1796, devint la même année capitaine de la compagnie des hussards de Damas, et fut créé maréchal-de-camp en 1797. Le comte de Maumigny entra ensuite comme capitaine dans le régiment de M. le duc d'Angoulême, 2e escadron, commandé par le comte Etienne de Damas. Il y servait encore lorsqu'il mourut, le 9 janvier 1801, à Kreiglach, en Styrie, où il fut inhumé. Il avait épousé, par contrat du 1er juillet 1765, passé devant Boulard, notaire au Châtelet de Paris, Marie-Madelaine-Charlotte Barentin de Montchal, fille de messire Charles-Jean-Pierre Barentin de Montchal, vicomte de la Mothe, brigadier des armées du roi, chevalier de l'ordre de Saint-Louis, et de dame Louise-Madelaine Bertin de Vaugien. De ce mariage sont issus :

1° Balthazar-Bruno-François de Maumigny, né le 22 novembre 1767, reçu page de la grande-écurie le 26 mars 1783, puis sous-lieutenant au régiment de Quercy. Il émigra en 1791, servit avec ses frères dans les chasseurs de Franche-Comté et dans la légion de Béon, où il fut tué, le 19 mai 1794, à l'affaire de Trouvroy. Il n'avait pas été marié ;

2° Charles-Paul-Nicolas-Claude, dont l'article suit ;

3° Louis-François-Marie de Maumigny, né à Verneuil, le 20 décembre 1769, reçu chevalier de l'ordre de Malte de minorité par bref du 28 novembre 1778. Admis aux pages du roi dans la grande-écurie, le 12 avril 1785, il entra sous-lieutenant au régiment de Poitou, le 24 février 1788, émigra en 1791 et fit partie de l'armée des princes et de l'armée de Condé, jusqu'au licenciement, servant à cette époque dans les chasseurs nobles d'Angoulême. Il est mort à Nevers, le 9 août 1802, et n'a pas été marié ;

4° Louis-Auguste-Marie de Maumigny, né à Verneuil le 5 octobre 1772, mort enfant ;

5° Charles-Jean-Louis-Gui de Maumigny, né à Verneuil en 1778, reçu chevalier de l'ordre de Malte de minorité le 11 janvier 1779, mort enfant;

6° Charlotte-Pauline-Madelaine de Maumigny, mariée, 1° le 21 août 1786, avec Martial-Louis, comte de Marsanges, seigneur de Vaury, fils de Jean de Marsanges, seigneur de Vaury, et de Thérèse-Gabrielle de Beaupoil de Saint-Aulaire. Le comte de Marsanges, capitaine au régiment de Boufflers, dragons, après avoir servi à l'armée de Condé, fut fusillé à Dijon ; 2° avec Martial de Loyac de la Bachellerie de Châteauneuf, ancien mousquetaire et chevalier de l'ordre de Saint-Louis, dont elle est restée veuve sans enfants le 11 janvier 1820. Elle n'avait eu de son premier mariage qu'un fils, mort en bas-âge.

Charles-Paul-Nicolas Claude, comte de Maumigny, né à Verneuil le 9 décembre 1768, fut reçu page en la petite-écurie du roi le 22 mars 1783. Il entra comme officier dans le régiment de Ségur le 3 mars 1786 et passa, le même mois, dans les dragons de Durfort, devenus chasseurs de Franche-Comté. Emigré en 1791 avec sa famille, il fit la campagne de 1792 à l'armée des princes, dans la première compagnie des chasseurs à cheval de Franche-Comté, et celles de 1793 et 1794 dans la cavalerie noble de Béon. Le comte de Maumigny fut blessé à l'affaire de Trouvroy, où périt son frère aîné. Après avoir fait la campagne de 1795 dans le régiment de Béthizy, il rejoignit l'armée de Condé le 29 novembre de la même année. Il fit, comme maréchal-des-logis dans les chasseurs à cheval de Noinville, les campagnes de 1796 et 1797, fut blessé de trois coups de sabre à l'affaire d'Aicha et perdit l'œil gauche par suite de ses blessures. Il avait été reçu chevalier de l'ordre de Saint-Louis le 2 février 1797 *(Certificats du duc d'Angoulême, du duc de Berry et du prince de Condé, des 11-14 février et 14 mars 1801)*. Après son retour en France, le comte de Maumigny a été pendant plusieurs années membre du Conseil général du département de la Nièvre. Il épousa, par contrat du 6 juin 1803, passé au château de Villegongis, devant Eusice Barbier, notaire royal à Levroux, Marguerite-Thérèse-Louise-Gabrielle-Henriette des Maisons du Paland, élève de la maison royale de Saint-Cyr, fille et héritière de messire Joseph-Guillaume des Maisons du Paland, chevalier, baron de Peyra, grand-bailli d'épée de la ville de Compiègne, chevalier de l'ordre de Saint-Louis, gouverneur des villes de Saint-Léonard, de Bourganeuf et d'Eymoutier ; et de dame Marguerite-Louise de Barbançois. De ce mariage sont issus :

1° Marie-Joseph-Victor, vicomte de Maumigny, né le 24 mars 1804, lieutenant au corps royal d'état-major, marié, le 14 octobre 1834, par contrat passé devant Bouquillard, notaire royal à Nevers, avec Geneviève-Claudine-Zoé de Bouillé, fille de Claude-François-René-Amour-Albert, vicomte de Bouillé, chevalier de la Légion d'honneur, et de Rosalie-Pierrette-Adélaïde de Forestier. Le mariage religieux a été célébré par Jean-Baptiste de Bouillé, évèque de Poitiers, grand'oncle de la mariée. De ce mariage sont issus : Paul-Pierre-Gabriel-Albert-Louis de Maumigny, né à Nevers le 27 juillet 1835, et René-Charles-Henri-Joseph de Maumigny, né à Nevers le 20 janvier 1837 ;

2° Paul-Genest de Maumigny, né le 24 septembre 1809, sous-lieutenant au 40e régiment de ligne le 1er octobre 1828 ;

3° Louise-Gabrielle de Maumigny, mariée le 6 octobre 1828 à Joseph-Nicolas-Hippolyte du Pré de Saint-Maur, fils de Georges-Bourges du Pré de Saint-Maur, chevalier de la Légion d'honneur, et de dame Marie-Anne-Hermine de Vigny ;

4° Marie-Charlotte de Maumigny, mariée le 9 février 1834 à Joseph-Amédée-Aman de Caissac, fils de François-Antoine, comte de Caissac, et de dame Charlotte-Henriette de la Rochelambert ;

5° Marie-Gabrielle-Thérèse-Sophie de Maumigny, mariée le 11 avril 1837 avec Charles-Philippe-Marie, marquis de Falaizeau, filleul du roi Charles X, et inspecteur-général de la maison de ce prince, ancien officier au 2e régiment des cuirassiers de la garde, fils de feu Etienne-Odile-Alexandre, marquis de Falaizeau, et de dame Marie-Joséphine-Adélaïde des Nos de Kerjean.

(*Extrait de la Généalogie de la maison de Maumigny, par Lainé.*)

FIN

Tirage à 500 Exemplaires
Issoudun, le 14 Avril 1891
E. Motte

www.ingramcontent.com/pod-product-compliance
Ingram Content Group UK Ltd.
Pitfield, Milton Keynes, MK11 3LW, UK
UKHW031918260826
14628UKWH00003B/1274

9 782013 445528